講談社選書メチエ
698

アンコール

ジャック・ラカン
藤田博史・片山文保［訳］

MÉTIER

アンコール◉目次

Ⅰ 享楽について 7
Ⅱ ヤコブソンに 28
Ⅲ 書かれたものの機能 48
Ⅳ 愛とシニフィアン 69
Ⅴ アリストテレスとフロイト：他〔者〕の満足 91
Ⅵ 神と〈斜線を引かれた女〉〔L̸a femme〕の享楽 114

VII 愛〔魂〕〔ÂMOUR〕のひとつの手紙〔文字〕 138
VIII 知と真理 159
IX バロックについて 186
X ひもの輪 212
XI 迷路のなかのネズミ 246

凡例

・本書は、Jacques Lacan, *Le Séminaire, Livre XX. Encore (1972-1973)*, texte établi par Jacques-Alain Miller, Paris: Editions du Seuil, 1975 の全訳である。
・本文上欄に [9] の形で原書の頁数を表示した。
・原文のイタリック体は、訳文では太字にした。また、原文の « » は、訳文でも《 》で表記した。ただし、いずれの場合も、書名や表題の場合は「 」または『 』を用いる。
・「 」、( ) は、原文にはないが、必要に応じて訳者が付加した。
・〔 〕は、原文や注記を補足する際の訳者による挿入である。
・大文字で始まる特殊用語は、すべて〈 〉で括って区別した。
例 〈他者〉〔l'Autre〕、〈一〉〔l'Un〕、〈父〉〔le Père〕、〈物語＝歴史〉〔l'Histoire〕、〈神〉〔Dieu〕
したがって、小文字で始まる l'autre は、単に「他者」とするか、「小文字の他者」としてある。
・**encore** と **ça** については、例外なくすべて原語を補足して、それと分かるようにした。
・言語学用語およびラカンの用語に関しては、カタカナ表記のままで訳出したものが少なくない。
例 ラング〔langue〕、ランガージュ〔langage〕、パロール〔parole〕
ランギュイストゥリー〔linguisterie〕、ララング〔lalangue〕
・ラカンの造語あるいは特殊な表現には、必要に応じて原語を並記した。
例 私〔師〕存在〔m'être〕、傍－存在〔le parêtre〕、〈一〉部分あり〔Y a d'l'Un〕
辞言＝辞－マンション〔dit-mension〕、性別外〔Le Horsexe〕

[9]

I　享楽について

『精神分析の倫理』〔*l'Éthique de la psychanalyse*〕を出版しない、ということがわたしの身に起こりました。あの当時、それはわたしにとって礼儀のひとつの形だったのです——お先にどうぞ〔après vous je vous en prie〕、**もっとひどい**ですがどうぞ〔je vous en *pire*〕……時とともに、わたしはそのことについてもう少し語れることが分かりました。そして、わたしの歩みを運んでいたものが、**わたしはそのことについて何も知りたくない**〔*je n'en veux rien savoir*〕の類《たぐ》いのことだと気づきました。

それはおそらく、時とともに、**またしても**〔*encore*〕わたしをここにいさせ、あなた方をもまた、ここにいさせているものです。わたしはいつもそれに驚かされます……**またしても**〔*encore*〕。

しばらく前から、わたしにとって好都合に働いていることですが、あなた方、ここにいる人々の大半にもまた、ひとつの**わたしはそれについて何も知りたくない**があります。ただし、すべてはこの点にあるのですが、それははたして同じものなのでしょうか？

あなた方の**わたしはそのことについて何も知りたくない**は、断片的にあなた方に伝えられてくるあるひとつの知に関するものですが、わたしにあるのはそれでしょうか？　わたしはそうは思いません。それに、あなた方にしても、まったくわたしのことを、あなた方とは別のところからこの**わたしはそのことについて何も知りたくない**〔*je n'en veux rien savoir*〕のなかに出発したのだと想定しているからこそ、わたしへと拘束されているのです。だから、ここで、あなた方に対して、わたしがわたしの**わたしはそのことについて何も知りたくない**について、分析主体〔analysant〕のポジションにしか立てないということが真実だとしても、ここから、あなた方が同じそれに到達するまでには、長い時間がかかることでしょう。

それはまさに、あなた方のそれがあなた方に対して十分なものとして現われたときになって初めて、あなた方は、もしわたしの分析主体であれば、あなた方の分析から正常に身を離すことができるということの根拠になるものです。これを結論づけると、取り沙汰されていることとは逆に、わたしの分析家としてのポジションには、わたしがここでしていることに対する袋小路は何ひとつないということです。

1

昨年度、わたしは、わたしがあなた方に語る〔dire〕ことができると思ったことに題をつけました——……**あるいはさらに悪い**〔*... ou pire*〕、そして——**あるいはさらに悪いことにそれが熱望している**〔*Ça s'oupire*〕と。それ〔*ça*〕は、**わたしが**〔*je*〕や**あなたが**〔*tu*〕とは何の関係もありません——わたしがあなたにため息をつくのでもなければ、あなたがわたしにため息をつくのでもありません。わたし

[10]たちが歩んでいる道、つまり分析的ディスクールの道は、この狭小な極限に拠ってしか、このナイフの刃《やいば》に拠ってしか先に進みませんし、この極限ゆえに、他の場所では、あるいはさらに悪いことにそれが熱望することしかできません。

わたしを支えているのはこのディスクールであり、本年度これを再び始めるにあたって、わたしはまず、あなた方をベッドに、つまり広々と使えるダブルベッドにいるものと想定しましょう。

とある人物、法学者が、わたしのディスクールがどのようなものかを問い合わせてくれたのですが、この人に対してわたしは——わたしのディスクールの根拠となるもの、すなわちランガージュは話す存在〔l'être parlant〕ではないということを彼に、彼自身に、感じ取ってもらうために——次のように回答できると考えました。すなわち、わたしにとって法学部で話をしなければならないのは場違いではないということ、というのも法学部というのは法律の存在によって次のことが明白になる学部だからです。つまり、ランガージュというもの、それ〔ça〕は、いくつもの時代を経て構成され、独立して自分を維持しているけれども、それにひきかえ、人間と呼ばれる話す存在の方は、まったく事情が異なるのだ、と。そういうわけで、あなた方がベッドにいると想定することから始めるとなると、わたしは彼の法における居場所に対して原因をもって弁明しなければなりません。

わたしは今日このベッドから離れないでしょうし、実のところ、法が話していることは、わたしがあなた方にこれから話そうとしていることをこの法学者に思い出させるでしょう——つまり享楽です。

法はベッドを無視しているわけではありません——例えば、同衾を意味する内縁関係の慣例が依拠するあの良き慣習法を考えてみてください。わたしとしては、法のなかで覆い隠されたままになっているもの、つまり人がベッドのなかですること――抱き合うことから出発します。わたしは極限から出発しますが、実際、真剣になろうと思うなら、つまり、それに近づくものの系列を確立しようとするなら、ある極限から出発しなければならないのです。

法と享楽〔la jouissance〕の関係を一語で明確にしてみましょう。用益権〔l'usufruit〕という語が――これは法の概念ですね？――わたしが倫理についてのセミネールですでにお話ししたこと、つまり有益〔l'utile〕から享楽までの間に存在する差異を一語で表わしています。有益ということ、それ〔ça〕は何の役に立つのでしょうか？　これは、ランガージュのせいで、話す存在が手段というものに対して驚くべき崇敬の念を抱いているがゆえに、これまで一度もきちんと定義されたことのないものです。用益権の意味するところは、人は自分の諸々の手段を享楽することができるが、これらを浪費してはならないということです。人がある相続財産の用益権をもつ場合、これを使いすぎないという条件の下で享楽できます。まさにそこに法の本質――享楽をめぐるものを分配し、配給し、報酬として与えるという本質があるのです。

享楽とは何でしょうか。享楽は、ここでは、ひとつの負の審級でしかないものに還元されています。享楽とは何の役にも立たないものです。

この点について、享楽への権利の場に含まれる留保を指摘しておきましょう。権利とは義務のことではありません。何ものも何人にも享楽せよと強いはしません、しかし超自我は別です。超自我とは享楽の命令なのです――**享楽せよ！**〔*jouis!*〕と。

まさにここに分析的ディスクールが問う転回点があります。この道において、わたしが見送った**お先にどうぞ**のあの時期に、わたしが示そうと試みたこと、それは、わたしが確かに崇敬の念をもって出発したところのものに、すなわちアリストテレスの倫理に、わたしたちが留まることを分析は許していない、ということでした。いくつもの時代を通じてひとつの滑動が生じており、この滑動は前進ではなく迂回であって、アリストテレスの存在の考察からベンサムの功利主義に、つまり諸々の虚構の理論に導いて、ランガージュの使用価値を、すなわち道具としての地位を証明するに至ったので[11]す。まさにそこから、わたしは観想の対象としての存在や最高善のありようを問うことへと立ち帰ったのです。かつては、この観想の対象からひとつの倫理が確立できると信じられていました。

ですから、わたしはあなた方をこのベッドの上であなた方の霊感に委ねておくことにします。わたしは出ていきます、そしてもう一度、ドアの上に書いておきましょう。出口のところで、おそらく、あなた方が出ていく際に、おそらく、このベッドで紡《つむ》いだ夢を捉え直すことができるように。わたしは次のような文を書くでしょう——**〈他者〉の享楽**、大文字Aの〈他者〉の享楽、**〈他者〉を象徴する〈他者〉の身体の享楽は、愛の証〔シーニュ〕ではない。**

2

わたしはそう〔ça〕書きます、そして、そのあとに、**終わり**とも、**アーメン**とも、**かくあれかし**とも書きません。

愛は、確かにシーニュをなします、そして常に相互的です。

わたしはずっと以前から、感情というものは常に相互的なものだという言い方で、とてもやさしくそのこと〔ça〕を主張してきました。というのも、それ〔ça〕がわたしの脳裏に繰り返し浮かんでくるようにするためでした――**それでは、それでは、では愛は、では愛は、愛はいつでも相互的なのか？――そうだとも、そうだとも！** 無意識が発明されたのは、それ〔ça〕のためでさえあります――すなわち、人間の欲望とは〈他者〉の欲望であると気づくため、そして、愛とは、まさにひとつの情念であり、したがって欲望の無知のことであり得るとしても、それでもやはり欲望にその影響力のすべてを残しておくということに気づくためです。つぶさに検分すれば、欲望の爪痕が見られるのです。享楽――〈他者〉の身体の享楽――それは、ひとつの問いとして残されたまま〔reste〕です、というのも、享楽がなし得る回答は必要なものではないからです。それ〔ça〕はさらにその先に向かいさえします。それはまた、ひとつの十分な回答でもありません、なぜなら愛は愛を要求するからです。愛は愛を要求することをやめません。愛は愛を要求する……**もっと**〔*encore*〕。**もっと**〔*encore*〕、これは、あの亀裂の、そこから〈他者〉のなかに向かって愛の要求が発せられる、あの亀裂の固有名なのです。

それでは、どこから〈他者〉の身体の享楽を介して、必要でもなく、また十分でもない仕方で回答できるものが発せられるのでしょうか？

それは愛ではありません。それは、昨年度、わたしの神経を苛立たせていたサン＝タンヌの礼拝堂から、とある仕方で霊感を受け、気の赴《おもむ》くままに**愛の壁**〔*l'amur*〕と呼んだものです。

[12]

愛の壁〔l'amur（a の壁）〕とは、奇妙なシーニュとして身体に現われるもののことです。それらは、あちら側に、すなわち、わたしたちが顕微鏡を通して生殖細胞という形で覗《のぞ》き見ることができると信じてきたその場所に起因する、それらの性形質のことです――この生殖細胞についてあなた方に指摘しておきますが、これを生命であると言うことはできません。なぜなら、それ〔ça〕はまた、身体を反復しながら、死を、身体の死をもたらすからです。まさにそこから**身体における再演**〔*en-corps*〕が生じているのです。したがって、体細胞と生殖細胞の区別があるというのは間違っています、というのも、生殖細胞を宿らせることで身体はいくつもの痕跡を負うからです。愛の壁の上にはいくつもの痕跡があるのです。

もちろん、それらは痕跡にすぎません。身体の存在には確かに性が与えられていますが、それは世に言われるように二次的なものです。そして、経験がそれを証明しているように、身体が〈他者〉を象徴する限りにおいて、身体の享楽が拠り所にしているのはこれらの痕跡ではありません。

このことは、ものごとについての至極簡単な考察で分かることです。

では、愛においては何が問題なのでしょうか？　愛、それは――精神分析が大胆にもそう喧伝するように、しかも、その大胆さたるや、精神分析の経験全体がそれを否定し、かつ、自身もその逆を証明しているのですから、なおいっそう信じがたいものですが――愛、それはひとつになることでしょうか？　エロスとは〈一〉〔l'Un〕へと向かう緊張のことでしょうか？

人は長いこと、それ〔ça〕について、〈一〉についてしか話をしてきませんでした。

〈一〉部分あり〔*Y a d'l'Un*〕、この言表をもって、わたしは昨年度のディスクールの支えにしましたが、もちろんそれは原初的な混同のなかに合流するためではありませんでした、なぜなら欲望がわたしたちを導いてゆくのは亀裂を目指してのことでしかなく、この亀裂において〈一〉がシニフィアンの本質によってしか成り立たないことが証明されているのですから。最初にわたしがフレーゲに問いかけたのも、存在に接し、また、その存在の背後で享楽に接する何ものかと、この〈一〉との間にある裂け目を証明しようと試みるためだったのです。

わたしはあなた方にひとつの小話をすることができます。ピカソに恋をしていた一羽のインコの話です。何からそのことが分かったのでしょうか？　それはインコが彼のシャツの襟《えり》とジャケットの前《まえ》身頃《みごろ》を噛む仕草からです。このインコは、人間にとって本質的なものに、すなわち、その奇妙な身なりに、実際に恋していたのです。このインコはデカルトのようでした。デカルトにとって人間たちは、**メナードのような散歩**〔*pro-ménade*〕……をしている衣服だったのです。衣服、それ〔ça〕はメナードを期待させる〔promet la ménade〕ものです——それを脱ぐときに。しかし、それは神話にすぎません。先ほどのベッドに一致してくる神話です。一糸まとわぬ身体を享楽することは、〈一〉をなすものについての問いを、すなわち同一化の問いを手つかずのままにします。あのインコは衣服をまとったピカソに同一化していたのです。

愛に関するすべてについても同様です。修道服は修道士を愛しますが、それは、両者はまさにその点においてひとつ〔un〕でしかないからです。別の言い方をすれば、修道服の下にあってわたしたちが身体と呼んでいるものは、おそらく、わたしが対象 *a* と呼ぶ、あの剰余でしかないのです。

像を維持させるもの、それはひとつの剰余です。分析は、愛がその本質において自己愛的であることを証明し、また、いわゆる対象的なもの――口説き文句――の実体とは、実は欲望における剰余であるもののこと、すなわち、欲望の原因であり、また欲望の不満足の、さらには欲望の不可能性の支えであるもののことだと暴露します。

愛は、相互的であるにもかかわらず、不能です。なぜなら、愛は自身が〈一〉になろうとする欲望にすぎないことを知らないからです。このことが、わたしたちを、彼らの関係を確立することの不可能へと導くのです。**彼らの**関係、彼らとは誰か？――それは**二つの**性のことです。

3

確かに、身体上に、性徴というあの謎めいた形のもとに現われるものは――これらは二次的なものでしかありませんが――存在に性別を与えます。なるほど、そうでしょう。しかし、存在とは、その[13]ものとしての身体の、つまり性化された無性の **a**〔asexué〕としての身体の享楽なのです。なぜなら、人が性的な享楽と呼んでいるものは、わたしたちにとって唯一重要なこの〈一〉を、つまり**性的な関係**という関係性としての〈一〉を、そのようなものとして、言表可能なもののどこにおいても確立できない、という不可能性によって徴《しるし》づけられ、支配されているからです。

このことは分析的ディスクールが次の点において証明していることです。すなわち、性別化されたものとしてのこれらの存在の一方にとって、つまり、ファルスと言われる器官――わたしは**言われる**と言いました――を備えている限りにおいての男にとって、身体的な性、つまり女の性器――わたしは**女の**と言いました、まさに、**定冠詞のついた**女はいないのであり、定冠詞のついた女は**すべてではない**のですが、女の性が身体の享楽を介さないのであれば、それは男にとって何の意味もありません。

分析的ディスクールは次のことを証明しています――こんな形で言ってよければ――ファルスとは、二つの性別化された存在の一方による、他方への奉仕に対する良心的兵役拒否のことなのだ、と。

ですから、女の二次性徴の話など、わたしにしてもらいたくはありません。なぜなら、事態が変わらない限り、女において優位を占めているのは母の特徴だからです。まさに性器以外に、女を性別化された存在として識別するものはありません。

すべてはファルス享楽の周囲を回っているということ、これがまさに精神分析の経験が立証していることであり、このことによって精神分析の経験は、ファルス享楽の場所における**すべて－ではない**〔*pas-toute*〕という言い方でわたしが指摘したひとつの位置によって女が定義されていることを立証しています。

もう少し先に進めましょう――ファルス享楽は障碍であり、この障碍のせいで男は、言ってみれば、女の身体を首尾よく享楽することができないのですが、その理由はまさに、彼が享楽しているもの、それが器官の享楽だからです。

そういうわけで、わたしが先ほど**享楽せよ！**で指摘したような超自我は去勢の相関物であり、〈他者〉の享楽、〈他者〉の身体の享楽が無限性によってのみ推進されるという告白を飾るシーニュなのです。どのような無限性かといえば――それはゼノンのパラドックスを支えとしている無限性であり、それ以上でもそれ以下でもありません。

アキレウスと亀、それが性別化された存在の一方における享楽することの図式です。アキレウスが一歩踏み出して、ブリセイスを相手に性交したとき、彼女は亀のように少しだけ前に進んでいるわけです。なぜなら、彼女は**すべて－ではない**〔*pas toute*〕、彼にすべてを捧げているわけではないからです。そこにはまだ残りがある。そうしてアキレウスは二歩目を踏み出さなければならず、以下同様となるわけです。まさにこれと同じようにして、現代において、ただし現代においてのみですが、人は数を、真実なものを、あるいはもっとうまく言うなら、実数〔le réel（現実界）〕を定義できるようになりました。なぜなら、ゼノンが見落としていたこと、それは亀もまたアキレウスの上に重くのしかかっていた宿命を免れていないということ――亀の歩みもまた次第に小さくなって、やはり決して極限には到達しないということだからです。このことをもって、実数であればどんな数であれ、ひとつの数が定義されます。ひとつの数はひとつの極限をもち、まさにその限りにおいて、この数は無限なのです。アキレウスは、まったく明白なことですが、亀を追い越すことしかできず、亀に追いつくことはできません。彼は無限性のなかでしか亀に追いつかないのです。

[14]

これがまさに性的なものとしての享楽について語られ得るものです。一方の側において、享楽は、ファルス享楽の道以外の道を与えることのない、あの穴によって徴《しるし》づけられています。他方の側においては、これまで享楽のなかの亀裂、裂け目でしかなかったものがどのようにして現実化されるのか、ということをわたしたちに語ってくれるような何ものか、その何ものかに到達し得るのでしょうか？

このことは、独特なことに、きわめて奇想天外ないくつかの洞察によってのみ暗示され得るものです。**奇想天外な**〔*étrange*〕は分解できるひとつの言葉――**天使－存在**〔*l'être-ange*〕です。先ほどのインコと同じくらい愚かになるという二者択一は、何ものかに対する警戒をわたしたちに促しますが、これがまさにその何ものかなのです。しかしながら、身体の享楽のなかで、性的享楽はひとつの袋小路によって特異化されるというあの特権をもっているとする考えが、わたしたちに何を示唆しているのか、注意深く見てみましょう。

この享楽の空間のなかで、縁取りされたものや閉じているものを取り上げるなら、それはひとつの場処〔un lieu〕であり、それについて話せば、ひとつのトポロジーになります。昨年度のわたしのディスクールの最先端として刊行される予定の書きもののなかで、トポロジーと構造の厳密な等価性を証明しているつもりです。これに従って進めるなら、無名性を享楽として人が話しているものから、すなわち法が秩序だてているものから区別しているもの、それはひとつの幾何学なのです。ひとつの幾何学とは、場処の異質性のこと、すなわち、ひとつの〈他者〉の場処があるということです。この〈他者〉の場処について、〈他者〉としての、絶対的〈他者〉としてのひとつの性の場処について、わたしたちはトポロジーの最新の発展によって何を示すことができるでしょうか？

わたしはここで、コンパクト性という用語を取り上げましょう。もし次のことが確かに明白であれば、ひとつの亀裂以上にコンパクトなものはないことになります。すなわち、すべての要素をそこに閉じ込めている交差面が無限数の諸々の集合のなかに存在すると認められることが明らかであれば、交差面はこの無限数を含むことになります。これはコンパクト性の定義そのものです。

わたしが話しているこの交差面というのは、先ほどわたしが被覆するものとして、想定された性的な関係の障碍になるものとして取り上げた交差面です。

性的な関係は想定されるにすぎません。というのも、わたしは、分析的ディスクールは、性的な関係は存在しない、措定できないという言表によってしか支えられない、と言っているのですから。分析的ディスクールの先進性が集約されるのはこの点であり、それによって分析的ディスクールは他のあらゆるディスクールの資格の現実的なあり方を決定します。

これが、名指すとすれば、そのようなものとしての性的な関係の不可能性を被覆している点です。性的なものとしての享楽はファルス的なものであり、したがって享楽は〈他者〉そのものとは関係がありません。

[15]

ここでは、このコンパクト性仮説を補完するものに従って見てゆきましょう。

わたしが最新と呼んでいるトポロジーによってひとつの定式が与えられていますが、そのトポロジーは、数の問いの上に構築されたひとつの論理を起点として、均質空間の場処とは異なるひとつの場処の設定へと導くものです。わたしが先ほど無限のなかに存在する交差面について述べたのと同等のもの、つまり縁取りされ、閉じて、設定済みと想定されている空間を取り上げてみましょう。この空間が開集合によって、すなわち、極限を排除する集合によって再被覆されていると想定すると――あなた方に手っ取り早くイメージ化するなら、極限とは、ある点より大きく、別の点より小さく、出発点にも到達点にも等しくないと定義されるものです――、これら開空間の集合は、有限性を構成しながら、常に開空間の下位‐再被覆に対して開かれていることが、つまり要素の連続が有限の連続を構成していると言うのと同値であることが証明されます。

お気づきのことと思いますが、わたしはそれらの要素が数えられるとは言っていません。しかしながら、それは**有限な**〔*fini*〕という用語が含意しているものです。結局、人はそれらをひとつひとつ数えるのです。しかし、そこにゆきつく前に、そこにひとつの秩序を見出さなければならないでしょう。そして、この秩序がそこに見出され得るものだと想定する前に、わたしたちはひと呼吸おかなければなりません。

いずれにせよ、縁取りされ、閉じた空間の場合、つまり性的享楽の空間を再被覆し得る複数の開空間の証明可能な有限性が含意しているものとは何でしょうか？　それは、当該の開空間はひとつずつ——それに他方の側を問題にしているので、それらを女性形にして——、ひとり女ずつ〔une par une〕取り扱うことができるということです。

まさにこれが性的享楽の空間で生じていることです——このことから、この空間がコンパクトであることが判明します。これらのすべて‐ではない女たちの性別化された存在は、身体を通るのではなく、パロールにおけるひとつの論理的要請から帰結するものを通ります。実際、ランガージュが存在し、そのランガージュが、それによって攪乱される身体の外にあるという事実のなかに刻印された論理や整合性が、要するに、こう言ってよければ、性別を与えられた存在として受肉した〈他者〉が、この**ひとり女ずつ**を要請しているのです。

そして、まさにそこに奇想天外なもの、魅惑するものがあり、この表現はこの場にぴったりです

——あの〈一〉の要請は、すでに奇想天外にも**パルメニデス**〔*Parménide*〕がわたしたちに予見させたように、〈他者〉からこそ出てきます。存在があるところには無限性の要請があるのです。

この〈他者〉の場処のあり方については、またあとで触れますが、今からイメージをもっていただくために、あなた方に例を挙げて説明しましょう。

分析家たちがドン・ファンをめぐってどんなに興じたかは十分に人の知るところですが、彼らはドン・ファンをあらゆるものに仕立て上げており、なかでもその極みは同性愛者でしょう。しかし、今しがたわたしがあなた方にイメージ化したものの中心に、つまり開集合に再被覆されたあの性的享楽の空間の中心にドン・ファンを置いてみてください。これら開集合はひとつの有限性を構成しており、結局のところ数えられるのです。ドン・ファンの女性にまつわる神話の本質は、彼が女たちをひとりずつ〔une par une〕ものにするということにあると気づきませんか。

ここに、女たちにとっての、その異性の、つまり男性の何たるかがあります。この点において、ドン・ファンのイメージは根幹をなすのです。

女たちに関しては、名というものが存在して以来、彼女たちのリストを作ることができますし、彼女たちを数え上げることもできます。**一〇〇〇と三人**〔*mille e tre*〕いるのなら、まさに彼女たちをひとりずつ手に入れられるということであり、それが本質的なことです。そして、それは普遍的融合の〈一〉とはまったく別のものです。もし女がすべて－ではない〔pas-toute〕ではなかったとしたら、もしその身体において、性別を与えられた存在としてすべて－ではないではなかったとしたら、こういったすべての何ものも成立しないでしょう。

[16]

4

わたしがお話しししている諸々の事実はディスクールの事実であり、ディスクールによってわたしたちは分析において脱出を促しますが、それは何の名においてでしょうか？——それは他のディスクールを放棄することの名においてです。

分析的ディスクールによって、主体は自身の裂け目のなかに、すなわち、その欲望の原因となっているもののなかに現われます。もし、それ〔ça〕がなかったとしたら、わたしはトポロジーを用いて事態を解明することはできなかったでしょう、しかしながら、このトポロジーは同じ審級、同じディスクールに属しているのではなく、ある別のディスクールに属しており、この別のディスクールの方が、ずっと純粋で、ディスクールによる以外に創世はないという事実をずっと明白にしてくれます。

このトポロジーがわたしたちの経験を分節できるほどわたしたちの経験と一致しているということ、これはまさに、わたしが提唱していることのなかで、支えられているもの、熱望されているものを、どんな実体にも決して頼ることなく、どんな存在にも決して依拠することなく、さらに、哲学として言表されるものとは何であろうが縁を切ることによって、正当に裏づけているのではないでしょうか？

存在について分節されてきたすべては、人が述語を拒絶して、例えば、**人間はある**〔*l'homme est*〕と何であるかを言わずに言えることを前提としています。存在をめぐる事情は、この述語の切断と密接な関係をもっています。ですから、論理的不可能の証明という袋小路になった迂回路を介してでなければ、すなわち、どんな述語も不十分になるような場所を介してでなければ、それについては何も語られ得ないのです。存在に関すること、絶対的なものとして措定されるひとつの存在に関することは、性別化された存在が享楽に与《あずか》っている限り、**性別化された存在**〔*être sexué*〕という定型表現の断裂であり、割れ目であり、遮断でしかありません。

一九七二年十一月二十一日

補　足

後続回の冒頭：愚かさ

ラカンが今年度の彼のいわゆるセミネールの初回で何について話していたのか、あなた方は千にひとつも当てることはできないでしょう、愛についてなのです、まさしく。

そのニュースは広まり、わたしのところに戻ってきました――もちろん、そう遠くからではありませんが――ヨーロッパの小さな街からメッセージの形で送られてきたのです。それ〔ça〕がわたしの

[17] ところに戻ってきたのは、わたしの寝椅子の上でしたから、その情報をわたしに知らせてくれた人物がわたしが愛について話していたことを本気で信じていたとは思えません。何しろ、その人物は、わたしが愛について語っていることとは、他でもない、人は愛について話すことができないということだと、ちゃんと知っているのですから。**わたしに愛の言葉をささやいて**〔*Parlez-moi d'amour*〔一九三〇年代のシャンソンの題名〕〕――可愛らしい歌〔chansonnette〔嘘っぽい歌〕〕！　わたしは愛の手紙について、愛の告白について話しましたが、それは愛のパロールと同じものではありません。

　たとえあなた方がそれを明確に捉えていなかったとしても、この初回のセミネールで、わたしが愚かさについて話したのは明らかだとわたしは思います。

　今年度、わたしはそれによってわたしのセミネールにタイトルを与え、それは『アンコール』というものですが、そのことを条件づけている愚かさのことです。そのリスクはお分かりでしょう。わたしがあなた方にそれ〔ça〕を語るのは、この場におけるわたしの現前の重みをなしているものをあなた方に示すためでしかありません――それも、あなた方がそれを享楽しているからなのです。わたしの現前のみが――少なくともわたしは敢えてそう信じるのですが――わたしのディスクールにおけるわたしの現前のみ、わたしの現前のみが、わたしの愚かさなのです。ここにいるより他にもっとましなことができると、わたしは知るべきでしょう。まさにそのために、わたしはわたしの現前が、いずれにしてもあなた方に確約されることがないようにと望むことができるのです。

　だからといって、**アンコール**だとか、それ〔ça〕が持続するだとか言うことでひとつの傍観者の位置に自分の身を置くことができないのは明らかです。それは愚かなことです。というのも、わたし自身が、明らかに、そこに参加しているのですから。わたしはこの**アンコール**の場にしか席を占めることができません。おそらく、分析的ディスクールからこれを条件づけているものへと――すなわち、真理はない、性的な関係はない、と言うことによって唯一異論の余地のないものであり得るあの真理へと――遡っても、愚かさに由来するものとそうでないものを判別することはまったくできません。しかしながら、経験に基づくなら、分析的ディスクールに関して何かが問われないということはあり得ません――このディスクールは愚かさの次元に支えられることによって筋の通るものになっているのではないでしょうか？

とはいえ、この次元は確かに現前しており、その身分規定がどのようなものかを自問しないわけにはいかないでしょう。というのも、結局のところ、性的な関係はない、と言うことが**真理として**告知されるために――ここにはニュアンスがこもっています――分析的ディスクールは必要なかったのですから。

このわたしが関わり合うことに躊躇しているとは思わないでください。わたしが聖パウロの話をするにしても、それは今日に始まったことではありません。わたしが恐れているのは、そんなこと〔ça〕ではないのです。たとえ、その身分や家系が、厳密に言えば、わたしの付き合いのあるそれではないような人々と関わり合うことになるとしてもです。それでもやはり、一方に男たち、他方に女たちがいて、これが啓示の結果だったということ、これがまさに時代時代を通じて何らかの波紋をもたらしてきたことなのです。そのこと〔ça〕が、世界があなた方の寸法に合わせて再生産されることの妨げになることはありませんでした。いずれにせよ、愚かさはよくもちこたえるのです。

すっかりそれ〔ça〕と同様にとはいかないのが、分析的ディスクールの確立です。このディスクールは、わたしがあなた方のために、小文字のaとその下のS_2によって、また、それ〔ça〕が主体の側に問いかけること——その結果、愚かさでなくて何を産み出すのでしょうか？——によって定式化したものです。しかし、結局のところ、何の名において、それ〔ça〕が続くのは愚かさによるのだと、わたしは言おうとしているのでしょうか？　どのようにすれば愚かさから脱出できるのでしょうか？

[18] それでもやはり、この新しいディスクールと愚かさに対するそのアプローチに与えるべき立ち位置があるというのは依然として真実です。疑いなく、このディスクールはさらに接近します。なぜなら、他の諸々のディスクールにおいては、愚かさは人が逃れようとするものだからです。それらのディスクールは、いつも最小の愚かさ、崇高な愚かさを目指しています。というのも、**崇高**とは、下にあるもののうちのいちばん高い点を意味するからです。

分析的ディスクールのどこに愚かさの崇高があるのでしょうか？　まさにこの点においてわたしに正当化されるのは、この場でわたしたちを包み込んでいるこの愚かさへのわたしの関与をひとまず休止して、同時に、またこの点について、わたしが語っていることを他の分野で裏づけているものの応答をわたしにもたらしてくれる人物を引き合いに出すことです。これは実は、すでに昨年度の終わりに、わたしが幸運にもある人の口から聞き集めたものですが、今日の人は、そのときと同じ人であることが分かるでしょう。この人はここでわたしの話を聞いているのですから、分析的ディスクールには十分に馴染んでいます。今年度のはじめからわたしが彼に望んでいたことですが、彼がすべての責任をもって、ひとつのディスクール、特に哲学のディスクールにおいて、最小の愚かさについてのあるひとつの立ち位置からその道を推し進め、その道を切り開いていくものによる応答を、わたしにもたらしてくれます。皆さんがすでにご存じのフランソワ・ルカナティに発表をお願いします。

F・ルカナティの発表はパリ・フロイト派の雑誌『シリセ〔Scilicet〕』で読むことができる。

一九七二年十二月十二日

[19]

II　ヤコブソンに

ランギュイストゥリー
ディスクールにおいて人が転換するシーニュ
たっぷりの意味生成
シニフィアンの愚かさ
享楽する実体

ランガージュについて愚かに話さないことは、わたしには難しいように思われます。それは、しかしながら、ヤコブソン、君はここにいるのですが、君が首尾よく成し遂げていることです。

今回もまた、ヤコブソンが最近コレージュ・ド・フランスでわたしたちにしてくれた対話において、わたしは彼に感服したので、ここで彼にその敬意を表さなければなりません。

しかしながら、愚かさを養わなければなりません。人が養うすべてのものは、このこと自体からして愚かなものでしょうか？　そうではありません。しかし、自分を養うことが愚かさの一部をなすことは証明されています。そのことについて、わたしはこれ以上、この教室を前にして語らなければならないのでしょうか？　この教室にいるということは、結局のところレストランにいるのであって、そこで自らを養っていると想像しているのです。なぜなら、学生食堂にいるわけではありませんから。想像力の次元、人はまさにそれ〔ça〕によって自らを養っています。

あなた方はきっと覚えておられると思いますが、養育者との古い絆について、分析的ディスクールが教えていることがあります。この養育者は、しかも偶然であるかのように母なのですが、この絆の背後には、母の欲望の地獄のような物語とそこから帰結するすべてが控えています。養育において問題になるのは、まさにこのこと、つまり、ある種の愚かさですが、分析的ディスクールは、この愚かさを、それの道理のなかに据えるのです。

1

ある日、わたしは気づいたことがあります、それは無意識が発見されてからというもの、言語学に立ち入らずにいるのは難しいということです。

ですから、わたしはあるものを作ったのですが、それは、本当のことを言うと、あなた方が先日ヤコブソンの口からお聞きになったことに、すなわち、ランガージュに関するすべてのことが言語学に、つまり最終的には言語学者に従属するということに対して、わたしが表明し得る唯一の異議になると思います。

　わたしは、この彼のことばに、彼がこの議論を提起する際に話題にした詩に関して、そう容易に同意できないというのではありません。そうではなく、ランガージュの定義から帰結するすべてを、主体の樹立ということについて、すなわち、フロイトによってこれほどにも刷新され、これほどにも転覆されたがゆえに、彼の口から無意識として明確になったすべてのものがそこでこそ確証されるこの主体の樹立ということについて考慮するのであれば、そのときにはヤコブソンに彼専用の領域を残しておくために、何か他の語を編み出さなければならないでしょう。わたしは、それをランギュイストゥリー〔linguisterie（linguistérie（ランギュイステリー）＝ lingue hystérie）〕と呼ぶことにします。

　こうすれば、わたしとしても言語学者になにがしかの取り分を残せますし、また、わたしが幾度にもわたって、大勢の言語学者たちから一再ならぬ叱責を被《こうむ》っていることも説明できるはずです——確かに、ヤコブソンから被りはしませんが、それはしかし、彼がわたしに好意を抱いているから、言い換えれば、彼がわたしを愛しているからです。これが、わたしがそれ〔ça〕を親密な関係において表現する仕方です。

　無意識はひとつのランガージュとして構造化されている、というわたしの語りは、言語学の領域のものではありません。わたしのよく知られた不定期刊行物の次号に「レトゥルディ」〔*l'Étourdit*〕——*d*、*i*、*t*——という題でテクストを発表しますが、この語りは、そこで注釈の働きをしているものへと開かれている扉です。すなわち、昨年度、わたしが数回にわたって黒板に書きはしたものの、その展開を一度も与えることのなかった、あの文句——**人が語ろうとしているということは、聞き取ら**

れるもののなかで、語られるものの背後に顧みられないまま残る〔*Qu'on dise reste oublié derrière ce qui se dit dans ce qui s'entend*〕——へと開かれた扉なのです。

とはいえ、語りが判断されるのは語られるものの諸々の結果においてです。しかし、語られるものをどうするかは開かれたままです。なぜなら、それからは種々たくさんのものを作ることができるからです。例えば攻囲されてしまったときや砲撃を受けたときに家具を用いてするようにです。

わたしが昨年度援用した「ある理性に」というランボーのテクストがありますが、これは各詩節を締めくくる次のような応答句で区切られています——**新しい愛**。わたしは前回、愛について話したと思われているのですから、それをもう一度この水準で、そしてやはり言語学〔**la linguistique**（ランギュイスティック）〕からランギュイストゥリー〔**linguisterie**〕への隔たりを強調する意図のもとに取り上げ直さない法はないでしょう。

愛、それはこのテクストにおいては、人が理性を換えることの、それ自体として示されたシーニュです。だから、詩人はこの理性に訴えかけているのです。人は理性を換えます、つまり——ディスクールを換えるのです。

ここで、わたしが区別した四つのディスクールを思い出していただきましょう。これが四つ存在するのは、この精神分析的ディスクールという土台の上のことでしかありませんが、わたしはこの精神分析的ディスクールを四つの場所によって分節し、また、各々の場所はシニフィアンのなにがしかの効果の発現によって分節します。そうして、わたしはこの分析的ディスクールをこの展開の最後に位置づけます。これは、いかなる場合にも、ひと続きの歴史的出現だと捉えてはなりません——そのうちのひとつが他のものよりもっと前に現われたというのは、ここでは重要なことではないのです。そこで、今度はこのように言うことにしましょう。ひとつのディスクールからもうひとつのディスクールへの移行の各々に、いつもこの精神分析的ディスクールのなにがしかの出現があるのです。

これらのカテゴリーは、それら自体が精神分析的ディスクールの実在によって初めて構造化されますが、その適用にあたっては、次のような真理による検証に耳をそばだてなければなりません。すなわち、ひとつのディスクールからもうひとつのディスクールへの通過の各々に分析的ディスクールの出現がある、という真理です。わたしが、愛とは人がディスクールを換えるシーニュであると言うとき、これと別のことを言っているわけではありません。

[21]

前回、わたしは、〈他者〉の享楽は愛の証〔シーニュ〕ではない、と言いました。そして、ここでは、わたしは、愛はひとつのシーニュである、と言います。愛は、現われるものはシーニュ以上のものではまったくないという事実に要約されるのでしょうか?

先日、フランソワ・ルカナティが発表でポール＝ロワイヤルの論理学に触れましたが、まさにここで、この論理学がわたしたちの手助けをしてくれます。シーニュとは、とこの論理学は主張します――しかし、こういった語りは往々にして、表明されてから実に長い年月を経たあとになって重みを発揮しますが、そのような語りに人はいつも驚かされるのです――シーニュとは、いかなる共通の部分ももたない二つの実質の分離によって、すなわち今日わたしたちが論理積と呼ぶものによって定義されるものである、と。このことは、のちほどわたしたちを回答に導いてくれることになるでしょう。

主人のディスクール
〔*Discours du Maître*〕
不可能
〔impossibilité〕

$$\frac{S_1}{\$} \rightleftarrows \frac{S_2}{a}$$

——の退行によって明瞭になる

大学のディスクール
〔*Discours de l'Université*〕

$$\frac{S_2}{S_1} \rightleftarrows \frac{a}{\$}$$

無力
〔impuissance〕

——へのその《進歩》によって明瞭になる

ヒステリー者のディスクール
〔*Discours de l'Hystérique*〕

$$\frac{\$}{a} \rightleftarrows \frac{S_1}{S_2}$$

無力

分析家のディスクール
〔*Discours de l'Analyste*〕
不可能

$$\frac{a}{S_2} \rightleftarrows \frac{\$}{S_1}$$

各場所〔places〕は以下のもののそれである：

動因〔l'agent〕	他者〔l'autre〕
真理〔la vérité〕	生産〔la production〕

各項〔termes〕は以下のとおりである：

S_1, 主人のシニフィアン
S_2, 知
$\$$, 主体
a, 極－楽〔le plus-de-jouir
（剰余－楽）〕

愛のシーニュではないもの、それは〈他者〉の享楽であり、〈他者〉の性の享楽であり、そして、わたしが注釈したように、〈他者〉を象徴する身体の享楽のことです。

ディスクールの転換――それ〔ça〕は動き、それ〔ça〕はあなた方を、それ〔ça〕はわたしたちを、それ〔ça〕は**自らを**〔se〕横切りますが、誰もその衝撃を表には出しません。このディスクールという概念は、ランガージュを根拠にした社会的な絆として捉えなければならないのだと、したがって言語学において文法として特定されているものと無関係ではないと思われるのだと、わたしがどんなに言ったところで、それで何かが変わるようには見えません。

おそらく、このことは、誰も提起しない次のような問いを課すでしょう。つまり、科学がまるごと浸潤されることになったと言ってもよいほど、その成功が目覚ましい、情報という概念については、その事情はどうなのか、ということです。わたしたちが今到達しているのは、遺伝子の分子情報の水準、核タンパク質の**DNA**軸周囲への巻きつき、そして、この核タンパク質自体が互いの周囲に巻きつき合っているという分子情報の水準ですが、こういったすべてはホルモンの絆で結びつけられています――つまり、送信、記録、等々がなされているメッセージです。注目すべきは、この方式の成功が、この方式に内在しているばかりか、紛うかたなく定式化されてもいるひとつの言語学に異論の余地なく由来する、ということです。結局のところ、この動きは、負のエントロピーとして分節され、科学的思考の基礎そのものにまで広がるのです。

[22]

しかし、このことが、わたしがシニフィアンの機能を用いるとき、他の場処から、わたしのランギュイストゥリーから、このわたしが収穫していることなのでしょうか？

2

シニフィアンとは何でしょうか？

シニフィアンは——ソシュールに特定されるのではなく、ストア派の哲学者たちにまで遡り、そこから聖アウグスティヌスにその反映が認められるのですが、そのようなひとつの言語学的伝統がその典礼をもって喧伝する類《たぐ》いのシニフィアンは——トポロジーの用語で構造化しなければなりません。実際、シニフィアンとは、まずシニフィエという効果をもつものであり、そして重要なことは、その両者の間には棒線を引かれた何かが越えるべきものとしてあるということを脱落させないことです。

ランガージュのあり方をトポロジー化するこの方法については、音韻論が、音素によってシニフィアンを具現する限りにおいて、最も賛嘆すべき形におけるその例証になります。しかし、シニフィアンとは、決してこの音素という媒体に限定できるものではありません。改めて——ひとつのシニフィアンとは何でしょうか？

わたしは、早くもここで一度立ち止まって、次のような形のもとに問いを発さなければなりません。

ひとつの〔un〕は、この用語の前に置かれると、不定冠詞の用法になります。このひとつの〔un〕は、シニフィアンが集合化され得るということを、これでひとつの集まりができるということ、これについて全体化される何ものかについて話せるということをすでに前提としています。ところで、言語学者は、わたしの見るところでは、このコレクションを、ひとつの**定冠詞le**の上に根拠づけるとなったら、きっと苦労することでしょう。なぜなら、それを許すような述語がないからです。ヤコブソンがとりわけ最近そう指摘したように、シニフィアンを根拠づけることができるのは単語ではありません。単語がコレクションされる場所としては辞書があるばかりで、そこに単語は並べられます。そのことをあなた方に感じ取っていただくために、文の話をするのもよいかもしれません。文もまた、確かにシニフィアン的な単位としてあり、この単位は、場合によっては、その典型的な代表例の収集がひとつの同一言語に関して試みられることもあるでしょう。しかし、わたしはむしろ格言を引き合いに出そうと思います。格言については、ポーランのある小論が最近手に入り、そのおかげで、わたしは文よりも強く関心を惹かれることになったのです。

[23]

ポーランは、言語能力がある範囲に留まっている外国人を理解しようとする際の一種きわめて曖昧な対話のなかで、格言がマダガスカル島民においては格段の重みをもち、特異な役割を果たしていることに気づきました。彼がそのことを発見したからといって、この際、それはわたしがもっと先に議論を進める妨げにはならないでしょう。実際、格言の機能の辺縁部では、シニフィアンによる意味生成は格言から成句に至るまで、こう表現してよければ、何か扇のように広がってゆくものであるというのは人が気づくことです。

例えば、辞書のなかに、**ア・ティール・ラリゴ**〔*à tire-larigot*（「たっぷりと」の意）〕という表現を探してご覧になれば、わたしが言っていることに納得されるでしょう。そこではラリゴ〔Larigot〕と名づけられた御仁まで発明され、人があまりに彼の脚を引っ張る〔tirer〕ものだから、しまいに**ア・ティ**

ール・ラリゴが創造されるに至ったというのです。どういう意味なのでしょうか、**ア・ティール・ラリゴ**というのは？——しかも、他にも同様に突飛な成句がたくさんあります。それらが意味するのは、次のこと以外の何ものでもありません——欲望の転覆です。これこそが、**ア・ティール・ラリゴ**の意味なのです。穴の開いた意味生成の樽から、たっぷりと〔à tire-larigot〕、ジョッキ一杯の、ジョッキなみなみ一杯の意味生成が流れ出すのです。

この意味生成とは何でしょうか？　わたしたちが今いる水準では、それはシニフィエの効果をもつもののことです。

そもそものはじめにシニフィアンとシニフィエの関係は恣意的だと誤って規定されたことを忘れないようにしましょう。おそらく真意ではないのでしょうが、ソシュールはそのように表現しています——彼が考えていたのは、もっと別のもの、つまり、彼の引き出しにあったものを見れば分かるように、もっとずっと『クラテュロス』のテクストに近いもの、すなわち、アナグラムの問題です。ところで、恣意的と見なされていることとは、シニフィエの諸々の効果がそれらの原因となるものと何の関係もないという外観を呈していることです。

ただし、それらがそれらの原因となるものと何の関係もない外観を呈しているのも、それらの原因となるものが現実的なものとなにがしかの関係をもつと予期されているからです。わたしが言っているのは、真剣な現実的なもののことです。真剣なもの〔le sérieux〕とは——もちろん、これに気づくには、ひと踏ん張りしなければ、わたしのセミネールを少しばかり聴講しているのでなければなりませんが——それは系列的なものでしかあり得ません。それは、実に長い時間をかけた抽出の、すなわちランガージュのなかにとらわれた何かの、その外への抽出のあとでなければ獲得されないものであり、そして、その何かについても、この発表でわたしが今いる地点からでは、わたしたちに得られるのはようやくひとつの遠い観念にすぎません――この際の問題を、あの不定の**ひとつ**に、すなわち、どのようにシニフィアンとの関係においてそれを機能させればそれがシニフィアンを集合化できるのかがわたしたちには分からない、あの囮《おとり》に限ったとしても、そうなのです。実のところは、この先で分かることですが、ひっくり返さなくてはなりません。つまり、人は**ひとつの**シニフィアンに問いかけますが、そうではなく、シニフィアン〈一〉〔le signifiant *Un*〕に問いかけなければならないのです――それはまだこの先のことです。

シニフィエという諸々の効果は、それらの原因となるものと何の関係もない外観を呈しています。このことが意味するのは、指示対象、つまりシニフィアンがそれに接近するのに役立っているものごとが、まさしく近似的なものに――例えば肉眼で見えるものに――留まるということです。重要なのは、それが想像的であるということではありません――結局のところ、もしわたしたちが幸福になるのに必要なイメージに、シニフィアンによって狙いを定めることができるのであれば、それは大変結構なことでしょうが、そうはいかないのです。シニフィアン／シニフィエという識別の水準において、不可欠な第三者としてあるものに、すなわち指向対象に対するシニフィエの関係を特徴づけているのは、まさにシニフィエがそれを撃ち損じるということです。視準器は機能しません。

[24] 極みのなかの極みは、それでもなお他の仕掛けを通じてまんまとその利用にこぎつけることができるということです。シニフィアンの機能を性格づけるために、つまり、シニフィアンをひとつの述語

付与に似た方法で集合化するためには、わたしたちには、わたしがそこから始めた何か、すなわちポール゠ロワイヤルの論理学があります。ルカナティが先日、あなた方の前で実詞化された形容詞について言及しました。丸み〔rondeur〕は丸い〔rond〕から抽出されますし、さらには正義〔justice〕にしても正しい〔juste〕から抽出される、という具合です。このことをもって、わたしたちの愚かさを俎上に載せて、おそらくこの愚かさというのは通常思われているようなひとつの意味範疇ではないと、そうではなく、シニフィアンを集合化するひとつの様式なのだと裁断することが可能になります。

そうしていけない理由はないでしょう――シニフィアンは愚かなのです。

どうやら、これは失笑を買う質のことのようです。当然のことながら、ひとつの愚かな微笑ですが。愚かな微笑というのは、周知のように――大聖堂に行けば分かることですが――それは天使の微笑です。これがパスカルの訓戒を唯一正当化することだとさえ言えます。そして、天使がそんなにも愚かな微笑をしているのも、天使が至高のシニフィアンのなかに浸っているからなのです。乾いたところに少し戻れば、それは天使にとっても善いことでしょう――おそらく天使はもう微笑しなくなることでしょう。

わたしは天使たちを信じないというのではありません――周知のように、わたしは彼らを救いがたいほどに〔inextrayablement〕、さらにはテイヤール・ド・シャルダン的離脱が不可能なほどに〔inexteilhardement〕信じています――、ただ、彼らがわずかでもメッセージをもたらすとは信じていません。そして、この点においてこそ、彼らは真にシニフィアンなのです。

なぜ、わたしたちはこれほどにもシニフィアンの機能を強調するのでしょうか？　それが象徴的なものの次元の基礎だからです。そして、この次元をわたしたちがそのものとして分離できるのは、ひとえに分析的ディスクールのおかげなのです。

わたしは、これらのことに手をつけるのに、別の仕方でもできたかもしれません——例えば、わたしに分析を求めてやって来ようとする人が、そのためにどうするのかを、あなた方に語ることです。わたしは、そのような生々しいことには関わりたくありません。自分のことだと分かる人もいるでしょう——彼らが、わたしが何を考えていると想像するかは、神のみぞ知ることです。おそらく彼らは、わたしが彼らのことを愚かだと思っていると、そう思うでしょう。しかし、それは、このような場合にわたしの脳裏を掠《かす》める考えとしては、まったくあり得ないものです。問題は、分析的ディスクールが、実詞化した形容詞を、すなわち、シニフィアンの活動態にある次元としての愚かさを導入するということにあります。

この点については、もっと近くから見なければなりません。

3

実詞化するということは、そもそも、ひとつの実体を想定しようとすることです。そして、実体とは、いやはや、今日では掃いて捨てるほどあるというものではありません。今わたしたちにあるのは、思考する実体〔la substance pensante〕と延長をもつ実体です。

おそらく、この点に基づいて、この実体的な次元がいったいどこに仕分けされ得るのかを問うべき

[25] でしょう。それがわたしたちからどれほどの距離にあろうとも、また、現在に至るまで、わたしたちにシーニュしか与えていないとしてもです。この活動態にある実体、すなわち、**辞‐言＝辞‐マンション**〔*dit-mension*（dimension「次元」および dit「語られたもの、辞」＋ mansion「〔英〕館、マンション」、mention「登録簿等への記載」）〕と記すべきこの次元に対して、ランガージュの機能とは、より厳密な使用ということ以前に、まずこの次元に注意を留めるものであること、なのでしょうか？

　まず、思考する実体ですが、ともあれ、わたしたちはこれについては相当に修正を加えてきたと言えるでしょう。あの**我思う**〔*je pense*〕がそれ自身を前提することで実在を樹立しますが、その後、わたしたちは踏み出すべき一歩を、無意識という一歩を経験しています。

　今日、わたしはひとつのランガージュとして構造化されている無意識の轍《わだち》のなかをのろのろすることになりますから、次のことを承知しておいてください――この定式が実在者としての主体の機能を全面的に変えるということです。主体とは思考する者のことではありません。主体とは、わたしたちはその者を魅惑するためにそう言うのですが、すべてを語るようにとわたしたちが督促する者ではなく――人はすべてを語ることはできません――、そうではなく、元来、愚かなことを語るようにとわたしたちが督促する者のことです。すべてはそこにあります。

　これらの愚かなことによってこそ、わたしたちは分析にとりかかるのであり、また、無意識の主体である新たな主体のなかに入っていくのです。お人好しがもう思考しないという気になってくれる、まさにその限りにおいてこそ、それについて、おそらくほんの少しだけ分かってくるのであり、語られたもの〔les dits〕からなにがしかの帰結が引き出されるのです――これらの語られたものについては、人は取り消すことができません。それがルールなのです。

そこからひとつの語りが現われ出ますが、これは、いつも語られるものに対して首尾よく外‐在する〔ex-sister〕に至るわけではありません。語られるものに帰結としてやって来るものが、その原因です。この点がまさに試練であり、この試練において、誰の、どんなに愚かな人の分析であろうと、ある現実的なものを捉えることができます。

語りの地位——今日のところは、これについてはすべて脇に除けておかなければなりません。その代わり、あなた方にお知らせできるのは、今年度扱うことになる最も厄介なことは、この試練に哲学的伝統のいくつかの語りをかけることだということです。

幸いなことに、パルメニデスが実際に詩を書いています。彼は——ここで言語学者の証言が株を上げることになります——連続のあとの交替、交替のあとの枠づけという、数学的な分節によく似たランガージュの装置を用いていないでしょうか？　ところで、パルメニデスがわたしたちに語るべきことを最も愚かでない仕方で語ることができたのは、まったくのところ、彼が詩人だったからです。さもなければ、存在はあり、そして非‐存在はないということが、あなた方にとって何を語るのかは知りませんが、わたしはこれは愚かだと思います。でも、こう言いながらわたしが面白がっていると思ってはいけません。

とはいえ、わたしたちは今年度、存在が、シニフィアン〈一〉が必要になるでしょう。これに向けて、わたしは昨年度、あなた方のために、こんなふうに言って道をつけておきました——〈一〉**部分がある！**〔*Y a d'l'Un!*〕そこからこそ真剣なものが発するのです。それ〔ça〕が、それ〔ça〕もまたやはり、そのためにどんなに愚かな外観をしていようとも。わたしたちは、そういうわけで、哲学的伝統のなかから、いくつかの参照をしなければならないでしょう。

例の延長をもつ実体は、もう一方のものの補完物ですが、こちらの厄介払いも、やはりそう容易なことではありません。なぜなら、これは近代的空間だからです。純粋空間という実体であり、人が純粋精神と言うのと同じことです。これを有望なものと言うことはできません。

純粋空間は部分の概念を根拠にしていますが、それには次のことを付け加えることが条件になります。すなわち、すべての部分がすべての部分に対して外的であること――すなわち、**部分の外の部分**〔*partes extra partes*〕ということです。こんなものからでも、人はなにがしかのささやかなものを抽出するのに成功しましたが、しかし、真剣な歩みを踏み出す必要がありました。

[26]

話を終える前に、わたしの言うシニフィアンを位置づけるため、わたしがあなた方に仔細に吟味するよう提案したいのは、前回、わたしの最初の言い回しの冒頭に刻み込まれたもの、すなわち、**ひとつの身体が**〔を〕**享楽すること**〔*jouir d'un corps*〕です。この身体は〈他者〉を象徴しており、そしておそらくは、もうひとつ他の形の実体である享楽する実体の明確化を促す種類の何かを含んでいます。

これこそ精神分析の経験が元来想定しているものではないでしょうか?――つまり、身体という実体です。ただし、条件として、この実体は自ら享楽するものによってのみ定義されるのでなければなりません。確かに、これは生きている身体の特質かもしれませんが、生きているということがどういうことなのか、わたしたちには分からず、分かっているのはただ、身体とは、それが自ら享楽する〔cela se jouit〕ということだけです。

それ〔cela〕は、それ〔le〕をシニフィアンの仕方で身体化することによってのみ自ら享楽します。このことは延長をもつ実体の**部分の外の部分**とは別の何かを含意します。サドというあの手のカント主義者が見事に描出しているとおり、人は〈他者〉の身体の一部分しか享楽できませんが、その理由たるや単純で、ひとつの身体が〈他者〉の身体の周りに完全に巻きついて、ついにはこれを包み込んで捕食してしまうのを人は見たことがないからです。そういう次第なので、人にできるのは、ただささやかな抱擁だけ、つまり、前腕かあるいは他の何やかやをつかむことだけになってしまうのです——あ痛っ！

享楽することに備わる根本的な特質は、〈他者〉の身体の一部分を享楽するのは、結局のところ、一方の身体であるということです。しかし、この部分もまた享楽します——それ〔cela〕は多かれ少なかれ〈他者〉の気に入りますが、一方はそれに対して無関心ではいられないというのが事実なのです。

さらには、こうして今説明したことを超えてしまう何かが生じることもあります。この何かは紛れもないシニフィアンの両義性によって徴《しるし》づけられていますが、それは**身体の享楽**〔*jouir du corps*（**身体が享楽すること**）〕がある属格を含んでいるからで、この属格が、わたしがその上にひとつ趣《おもむき》を添えたあのサド的な調子を帯びるか、あるいは逆に、没我的な、主格的な調子を、すなわち、享楽しているのは結局のところ〈他者〉であると告げる調子を帯びるかするのです。

この享楽のありようにおいて、そこには基礎的な水準しかありません。前回わたしは、それは愛のシーニュではない、と提唱しました。これは主張すべきことでしょうし、それに、わたしたちをファルス的享楽の水準に導いてくれることでもあるでしょう。しかし、わたしが元来〈他者〉の享楽と呼ぶもの、すなわち、ここでは象徴化されているにすぎないという限りにおいてそう呼ぶものは、もっと〔encore〕まったく別のもの、すなわち、すべて－ではない〔le pas-tout〕であり、これについては今後、明確に述べなければならないでしょう。

4

[27]

以上の分節に限った場合、シニフィアンとは何でしょうか——今日のところの、そしてここで締めくくることにした場合の、これについてのわたしの動機を考慮した上での、シニフィアンとは？　わたしは、シニフィアンは享楽する実体の水準に位置づけられる、と言いましょう。それは、いずれ言及するアリストテレスの自然学とはまったく異なるものです。この自然学は、わたしがして見せるような仕方で解釈され得ることから、どれほど人を欺《あざむ》くものだったかが分かります。

シニフィアン、それは享楽の原因です。身体のあの部分に接近することでさえ、どうしてシニフィアンなくしてできるでしょうか？　どうしてシニフィアンなくして、あの何かを、すなわち享楽の質量因であるものを中心に据えることができるでしょうか？　どんなにぼやけたものであろうと、どんなに不明瞭なものであろうと、それは、このシニフィアンの寄与において、身体的なシニフィエになった一部分なのです。

今や、わたしはまっすぐに、用語〔terme（終極）〕のあらゆる意味において究極〔finale〕である究極因〔cause finale〕に向かうことにします。それの終極〔terme〕をなすという点において、シニフィアンが享楽を停止させるものです。

二人が絡み合ったあとで——敢えてこの言い方をしますと——ああ、何ということでしょう！ そして二人が倦《う》み疲れたあとでは、おいやめろ！ シニフィアンの他方の極が、すなわち歯止めが、命令の呼びかけ語がおそらくそうであるのと同様に、起源にあるのです。

作用性は、アリストテレスがこれを原因の第三の形としていますが、これは結局、享楽を限界づけているこの下書き以外の何ものでもありません。動物界に現われるあらゆる種類のことがらが、話す存在におけるこの享楽の道のパロディーになりますが、それと同時に、そこにはメッセージの性質を帯びた諸々の機能が素描されています——ミツバチは雄花から雌花に花粉を運びますが、これなどはコミュニケーションのありように非常によく似た例です。

また、性行為、つまり、享楽がそこから自らの原因を、形相としてのその最奥の原因を捉える混一した性行為は、享楽を統御する文法の類《たぐ》いではないでしょうか？

文法の基礎的な用例の原則において**ピエールがポールを叩く**〔*Pierre bat Paul*〕ことにも、そしてまた——これをこんなふうに言ってもよいでしょう——**ピエールとポール**〔*Pierre et Paul*〕が接続詞の用例になることにも、それ相応の理由があります——ただし、次のことは除きます。すなわち、そのあとで、誰がもう一方に**肩入れする**〔qui *épaule*（épaule は et Paul と同音）〕のかと自問しなければならないことです。わたしはもう長いこと、この遊びを楽しんできました。

さらに言えることですが、動詞は、おそらく他のものに比べて、それほど愚かではない〔pas si bête〕

──これを一語で書かなければなりません──**それほど愚かではない**〔*passibête*〕シニフィアンだと定義されます。つまり、このシニフィアンは、主体が享楽において自分自身の分割に向かう通路〔passage〕になりますし、また、この分割を離接として限定して自身がシーニュになる場合には、なおさら愚かではありません。

わたしは昨年度、綴りの失錯行為について遊んでみました。それは、ある女性に宛てた手紙のなかでわたしが犯したものです──**どんなにわたしが君を愛したか君は決して知ることはないだろう**〔*tu ne sauras jamais combien je t'ai aimé*〕──*ée*〔女性形〕とすべきところを*é*〔男性形〕にしてしまったのです。のちに、それはおそらくわたしが同性愛者であることを意味するのだと、わたしに指摘した人がいました。しかし、わたしが他でもない昨年度に分節したことは、人が愛するとき、問題は性別ではないということです。

よろしければ、ここで今日のところは置いておきましょう。

一九七二年十二月十九日

[29]

III　書かれたものの機能

無意識は読まれるもの
文字の使用について
S—s
存在論、主人のディスクール
セックスについて話すこと
読めないもの

わたしは、今日のためにあなた方にとっておいたことに、これからそっと入っていこうと思います。そのことというのは、始める前からもう、わたしにとっては危険な企《くわだ》てだと思われます。何のことかと言うと、わたしたちは分析的ディスクールのなかで書かれたもの〔l'écrit〕の機能を位置づけなくてはなりませんが、その仕方のことです。

この件には逸話があります。すなわち、ある日のこと、わたしは自分が刊行しようとしていた――ゴミ箱送り〔poubellication〕とわたしは言いましたが――ある論集の表紙に**エクリ**〔*Écrits*〕という言葉を書く以外、よりましなものが見つかりませんでした。

これらの『エクリ』は、かなり知られていることですが、容易には読まれません。あなた方にひとつちょっとした自伝的な打ち明け話をして差し上げましょう――それは、まさにわたしが考えていたことでした。それ〔ça〕はおそらくそこにまですらゆくだろうと、わたしは考えていました、つまりエクリは読むべきものではないと考えていたのです。

順調な出だしです。

1

文字、それ〔ça〕は読まれるのです。それ〔ça〕はこの語の延長線上でそうされるようにすら見えます。それは読まれるのです、そして文字どおりに。しかし、文字を読むということと読むということは、正確には同じことではありません。まったく明らかなことですが、分析的ディスクールにおいて問題になるのは、それ〔ça〕のこと、読まれるもののこと、すなわち、あなた方に促されて主体が語ることの彼方に読まれるもののことでしかありません。この主体の語りというのは、前回わたしが強調したように、すべてを語るというより、むしろ何もかも語ること、愚かなことを語るのを躊躇せずに語ることです。

このことは、わたしたちがその次元を展開することを前提にしていますが、この次元の展開は語りなくしてはできないことです。愚かさの次元とは何でしょうか。愚かさというもの、少なくとも人が口にできるそれには大したことはできません。日常的ディスクールのなかにあって、愚かさは頓挫してしまうものです。

[30]
このことをわたしが確認するのは、これは決して戦慄なしには済まないことですが、わたしが過去に発言したことに立ち戻るときです。これにはいつもわたしは極度の恐怖に、まさに愚かなことを言ったのではないか、すなわち、今主張していることから考慮するともちこたえられないと見なせるような何かを言ったのではないか、という恐怖に駆られるのです。

このセミネールを再現してくれるある人のおかげで――高等師範学校での初年度のものがもうすぐ刊行されます――わたしはこんな印象を得ることができました、つまり、校正刷りを見たときに時折そんな印象をもつのですが、その年度にわたしが提示したことはそれほど愚かではなかったということです。つまり、少なくとも他のことが提示できなくなってしまうほど愚かではなかったのです。それら他のことについては、それが今扱っていることなのですから、辻褄は合っているとわたしは思います。

それでもやはり、この**再読される**〔*se relire*〕ということは、ひとつの次元をなしており、この次元の位置づけは、分析的ディスクールの見地において、読まれるものの機能とは何かということに関連づけてなされなければなりません。

分析的ディスクールは、この点について、ある利点に恵まれています。まさにそこから、わたしは、わたしが教えるものの一時代を画することになったものへと出発したのです——ここで強調すべきは、おそらく、**わたし**〔*je*〕、すなわち、**わたし**が発言できるものより、むしろ、**から**〔*de*〕の方、すなわち、どこからそれが、この教えがやって来るのかということでしょう、わたしはこの教えの効果なのです。それ以来、わたしは分析的ディスクールを正確な分節によって打ち立ててきました。その分節が、黒板に四つの文字と二本の横棒、それに五つの線で書かれており、これら五つの線が四つの文字の各々を二つずつつないでいます。この線のうちのひとつは——文字は四つあるのですから、線は六つあるはずです——欠けています。

このエクリチュールはひとつの最初の留意点から出発していますが、その留意点とは次のようなものです。すなわち、分析的ディスクールとは、パロールとして機能するものによって初めて、しかもひとつの場として定義できる何かにおいて樹立される、あの新しい関係様式だということです。「**パロールとランガージュの機能と場**」〔*Fonction et champ de la parole et du langage*〕とわたしは書き、「**精神分析における**」〔*en psychanalyse*〕と締めくくりました。これは、いくつかある他のディスクールとは同質ではない、このディスクールの独自性をなすものを指し示していました。他のディスクールは公務を務め、その事実だけで公務上のディスクールとしてわたしたちは区別します。要は、分析的ディスクールの公務が何であるかを見抜くこと、そして、このディスクールを、公式な〔officiel〕ものとはいかないにしても、せめて祭式的な〔officiant〕ものにすることです。

そして、分析的ディスクールにおける書かれたものの機能が、もしそれが特異なものだとすればどのようなものであり得るのかを、このディスクールにおいてこそ明確にしなければなりません。

このディスクールの諸々の機能を説明できるようにするために、わたしはいくつかの文字の使用を提案しました。まず *a* です。これをわたしは**対象**〔*objet*〕と呼びますが、しかしやはりひとつの文字以外の何ものでもありません。次いでAですが、これをわたしは、命題を単なる書かれた式にしたもの、しかも論理数学が生み出したものにおいて機能させます。このAによって、わたしは、ひとつの場処〔un lieu〕、ひとつの場所〔une place〕であるものを指し示します。わたしの言う**〈他者〉の場処**〔*le lieu de l'Autre*〕です。

[31]

どういう点で、ひとつの文字がひとつの場処を示すのに役立ち得るのでしょうか？　ここに恣意的な何かがあるのは明らかです。例えば、『集合論』というタイトルのもとに、そしてニコラ・ブルバキという名のひとりの筆頭架空著者のもとに、ようやく決定版として編纂されたものの最初の頁を開いてみると、そこに見て取れるのは、いくつかの論理記号の導入です。そのうちのひとつは**場所**〔*place*〕という機能そのものを指しています。それは小さな正方形で記述されます――□。

わたしは、したがって、〈他者〉の場処は文字Aによって象徴されると言ったとき、文字の厳密な使用をしなかったことになります。しかし、その代わり、わたしはあのSによって、つまり、ここではシニフィアンを、斜線で抹消されている限りにおけるAのシニフィアンを意味する、あのSによって二重にすることで、それを徴《しるし》づけました――S(Ⱥ)です。このことによって、わたしは、このAの場処〔lieu〕が場処として成立しないこと、そこにはひとつの亀裂が、穴が、喪失があることを示しながら、この場処にひとつの次元を付け加えました。対象 *a* はこの喪失を見据えて役割を果たすためにやって来ます。これこそがまさに、ランガージュの機能にとってきわめて本質的なものなのです。

そして最後に、あの文字、Φを用いましたが、この文字は、分析理論においてそれまでファルスという用語で喧伝されてきた、意味を指示するだけの機能とは区別すべきものです。これはまさに起源的なものであり、わたしは今日これが、まさに書かれたもの〔l'écrit（エクリ）〕そのものによって、その浮き彫りのなかで明確になる、と明言します〔spécifie〕。

これら三つの文字が異なっているのは、それらが同じ機能をもっていないからです。

ここで本題の分析的ディスクールの話の流れに戻って、これらの文字がシニフィアンの機能のなかに導入するものを見極めることにしましょう。

2

書かれたものは、シニフィアンと同じ境域のものではまったくありません。こんな言い方をしてよければ、同じ類《たぐ》いのものではないのです。

シニフィアンは言語学によって導入されたひとつの次元です。言語学は、パロールが生じる場においては、自明なものではありません。あるディスクールが、つまり科学的ディスクールが、言語学を支えています。言語学はパロールのなかにひとつの分離を導入し、この分離のおかげでシニフィアンとシニフィエの区別が打ち立てられます。言語学は、それでもなお自明に見えるものを分割します。

つまり、人が話すときに、それ〔ça〕が意味するものであり、それ〔ça〕が意味されるものをもたらし、そしてさらに、それ〔ça〕は、ある点までは意味作用の機能によってのみ支えられているのです。

シニフィアンの次元を区別することは、その語本来の聴覚的意味において、あなたが聞いているものが、それ〔ça〕が意味するものと何の関係もないということを認めることによってのみ浮き彫りになります。それはまさにひとつの行為であり、その行為はひとつのディスクールによって、科学的ディスクールによってしか成立しません。それ〔cela〕は自明なことではありません。それがまさにあまりにも自明でないので、まるごとひとつのディスクールが、それはプラトンと名指された人の**クラテュロス**〔*Cratyle*〕ですから悪文を書く人ではありませんが、そこにひとつの関係があるに違いないと、そしてシニフィアンはそれ自体で何かを意味しているのだと、そう示そうとする努力によって、まるごとひとつのディスクールが作られたのです。この企ては、つまりわたしたちがそこから来て、わたしたちが絶望的だと言い得るこの企ては、挫折の烙印を捺されています。というのも、ひとつの他のディスクールから、科学的ディスクールから、そのディスクールの樹立そのものから、そしてその歴史を繙《ひもと》くまでもないという仕方で、シニフィアンはシニフィエと何の関係ももたないということによってしか定立されないからです。

[32]

そこで使われる用語が、いつもそれら自体が、滑動しやすいのです。フェルディナン・ド・ソシュールほど的確だったはずの言語学者が、恣意性の話をしています。それがまさに滑動、他のディスクールへの、その名で呼ぶなら主人のディスクールへの滑動なのです。恣意性は適切なものではありません。

わたしたちがあるディスクールを展開するとき、もしこのディスクールの場に留まろうと、他のそれにはもう陥《おちい》るまいと望むのであれば、わたしたちはいつもこのディスクールに一貫性を与え、そして正当な場合以外にはそこから出ないように努めなければなりません。こういった用心は、問題がディスクールというものであるだけに、いっそう必要です。シニフィアンは恣意的であるという言い方は、単純にシニフィアンはその効果であるシニフィエとは関係がないと言うのと同じ射程をもつわけではありません。なぜなら、それは別の準拠に滑動することだからです。

この場合の**準拠**〔*référence*〕という語は、絆としてのディスクールというものでしか位置づけることはできません。シニフィアンそのものは、ただディスクールにだけ、すなわち、絆としてのランガージュの働き方に、そのひとつの使い方に準拠するだけで、他の何ものにも準拠しません。

さらに、この機会に、この絆の意味するものを明確にしておかなければなりません。絆というのは――わたしたちはこれを直に経験しないわけにはいきません――それは話す者たちの間の絆のことです。この問題の行き先はすぐ分かります――話す者たち、もちろん、どんな者でもというのではなく、それは存在であり、その存在をわたしたちは生きていると形容することに慣れており、そして、話す者たちから生命の次元を取り除くのはおそらくとても難しいことです。しかし、すぐに気づくことですが、この次元は同時に死のそれを導き入れ、そこからひとつの根源的なシニフィアン的曖昧さが帰結します。唯一生命が定義され得る機能、すなわち一身体の生殖は、それ自体、生によっても、死によっても、名づけることができません、というのも、そのようなものとして、つまり有性である限り、生殖は生と死の両方を含んでいるからです。

すでに、分析的ディスクールの流れのなかを進むだけで、わたしたちは**世界観**〔*conception du monde*〕と呼ばれるあの飛躍をしてしまっていますが、これは、しかしながら、わたしたちにとってはこの上もなく滑稽なものに違いありません。世界観という用語は、わたしたちのそれとはまったく別のディスクールを、哲学のそれを前提としているのです。

哲学的ディスクールから抜け出るなら、世界の実在ほど不確かなものはありません。分析的ディスクールが何かこの手の概念と同種のものを含んでいるという主張を耳にするのは、苦笑するばかりです。

それだけではありません――マルクス主義を指してこのような用語を持ち出すのも、同様に苦笑ものです。マルクス主義は、わたしには世界観として通るなどとは思えません。あらゆる種類の際だった連関において、それとは逆になるのが、マルクスが語るものとしてのその言表です。それは世界観とは別のものであり、わたしはこれをひとつの福音と呼びたいのです。それは、歴史が別のディスクールの次元をひとつ創始したという知らせなのです。つまり、歴史が、ディスクールそのものの機能を、つまり、正確に言えば、世界観がその上に立脚している限りにおける哲学的ディスクールの機能を、完全に覆《くつがえ》す可能性を開いたという知らせなのです。

[33]

一般的に言って、ランガージュは、単にいくつもの時代を経て哲学的ディスクールがそこに登録されたひとつの場であるというより、はるかに可能性に富んだひとつの場であることは明らかです。しかし、この哲学的ディスクールによってある種の指標が明示されており、それらをランガージュのあらゆる使用から完全に除去するのは困難です。だからこそ、わたしが皮肉を込めて世界観と呼んだものに繰り返し陥ることほど容易なことはないのです。しかし、この世界観と呼ぶものには、もっと地味で、もっと正確な名があります。存在論です。

存在論は、繋辞《けいじ》をシニフィアンとして分離することによって、ランガージュにおける繋辞の使用の価値を高めました。動詞**在る**〔*être*〕にこだわること――この動詞は、諸々のラングのあらゆる多様性を含んだ場では、普遍的に使用されているとさえ言えないものです――、この動詞をそれ自体として提示すること、それはまさに危険に満ちた強調です。

これを悪魔祓いするには、おそらく次のように申し立てるだけで十分でしょう。すなわち、何についてであろうと、**それはそれであるところのそれである**〔*c'est ce que c'est*（**それは何々である**）〕と言うとき、何ものも、どのようにも、動詞**在る**〔*être*〕を分離することを強いはしません。それ〔*ça*〕は**セ・ス・ク・セ**〔*c'est ce que c'est*〕と発音され、また、*seskecé* と書くことさえできます。繋辞がここで使用されていることに、人はまったく気づかないでしょう。もし、ひとつのディスクールが、つまり、主人のディスクール、**私**〔**師**〕**存在**〔*m'être*〕のディスクールが、動詞**在る**〔*être*〕を強調しなければ、人はそれにまったく気づかないでしょう。

まさに、アリストテレスが慎重の上にも慎重を重ねて提示しているのは、この何かなのです。というのも、ト・ティ・エスティ〔τὸ τί ἐστι（「それは何」の意）〕に、つまり、それが何であるか〔ce que ça est〕という何性〔quiddité〕に自らが対置させる存在を指し示そうとして、彼はト・ティ・イン・エイナイ〔τὸ τί ἦν εἶναι（「それは何ですか」の意）〕に――在るべきだったもの〔ce qui était à être〕が、ただ在る〔être〕ようにさえなっていたら、それだけで生じていたであろうものに――頼るところまでゆくからです。そこにはどうやら肉茎が残されているようですから、わたしたちはそれによって、この存在のディスクールがどこから生じているのかを位置づけることができます――それは、ごく単純に、支配下の存在、命令に従う存在であり、もしお前がわたしの命じることを聞いていたら在ろうとしていた〔allait être〕ものなのです。

存在のあらゆる次元が主人のディスクールの流れのなかで生じ、このディスクールは、声高にシニフィアンを発して、そこから無視すべからざるその絆の諸々の効果のひとつを待ち受けますが、この効果はシニフィアンが命令することに起因します。シニフィアンは、まず命令的なのです。

もしそれがひとつの特別なディスクールからでないなら、どのようにしてひとつの前ディスクール的な現実に戻るのでしょうか？　まさに、それこそが夢なのです——認識のあらゆる構想の創設者としての夢です。しかし、それはまた、まさに神話的と見なすべきものでもあります。いかなる前ディスクール的現実も存在しません。個々の現実はディスクールによって基礎づけられ、そして定義されるのです。

この点においてこそ、分析的ディスクールが何によってなされるのかにわたしたちが気づくことが重要であり、わたしたちはこのことを無視しません。疑いもなく、分析的ディスクールはそこに限られた場所しかもちません。つまり、人はそこで〔女と〕**やる**〔*foutre*〕という動詞が完璧に言明していることについて話すということです。人はそこでやる〔foutre〕こと——英語の動詞では**ファックすること**〔*to fuck*〕——について話し、そしてうまくいかない〔ça ne va pas〕と語るのです。

それが分析的ディスクールにおいて打ち明けられることの大半を占めますが、強調しておかなけれ
[34] ばならないのは、これは分析的ディスクールの特権ではないということです。それは、わたしが先ほど日常的ディスクール〔discours courant〕と呼んだものにおいても現われているものです。これを**ディ**

スク－ウルクラン〔*disque-ourcourant*〕と書いてみてください。これはまた、あらゆるディスクールに対して場－外に〔hors-champ〕、オフサイドに〔hors jeu〕あるディスク〔レコード盤〕ですから、したがって、単なるディスク〔disque tout court（レコード盤）〕です――それ〔ça〕は回ります、それはきわめて正確に、無駄に回ります。ディスク〔レコード盤〕はまさに、そこですべてのディスクールが明らかになり、そして溺れている場のなかにあり、そこでは、誰であろうと、他の人とまったく同様に、また同じだけ、それについて言表する能力がありますが、しかし、それは、**慎み**〔*décence*〕と呼ぶのがまったく正当であるものへの配慮によって、いやはや、最小限にしかなされません。

実際に生活の基底をなしているものとは、男たちと女たちの関係をめぐるあらゆる事情について、いわゆる共同体というものについて、こと〔ça〕はうまくいかないということです。それ〔ça〕はうまくいかないのです、そして、皆がその話をしており、わたしたちの営みの大半がそれを言うことで過ぎていきます。

それでもやはり、別の仕方でディスクールとして秩序づけられるものの他には真剣なものは何もないということに変わりはありません。それは次のことも含めます。すなわち、この関係、この性的な関係は、うまくいかないという限りにおいて、それでもうまくいくということです――これはいくつかのしきたり、禁忌、制止のおかげですが、これらはランガージュの効果であり、ただこの題材とこの境域によってのみ捉えるべきものです。前ディスクール的な現実など微塵もありません。そのよい理由として、共同体をなすもの、わたしが男たち、女たち、子どもたちと呼んだものは、前ディスクール的現実のようなものを何も意味しない、ということがあります。男たち、女たち、そして子どもたちは、シニフィアンでしかないのです。

ひとりの男はひとつのシニフィアン以外の何ものでもありません。ひとりの女はひとりの男をシニフィアンの名目において探し求めます。ひとりの男はひとりの女を――これはあなた方には奇妙に見えるでしょうが――ディスクールによってしか位置づけされないものの名目において探し求めるのです。というのも、もしわたしの提起するものが真実であるなら、すなわち、女はすべて－ではない〔pas-toute〕のであるなら、女にはディスクールを逃れる何かが常にあるからです。

3

ディスクールのなかで、書かれたものの効果によって、産み出されているものを知ることが肝要です。

あなた方がおそらくご存じのように――いずれにしても、わたしが書いているものを読んだことがあるならご存じです――シニフィアンとシニフィエ、言語学がそれらを区別したということだけではありません。ことは、おそらく、あなた方には自明に見えるでしょう。しかし、まさに、ものごとを自明と見なすからこそ、みすみす目の前にあるものが、書かれたものに関して目の前にあるものが、何も見えなくなるのです。言語学は単にシニフィアンとシニフィエを互いに区別しただけではありません。もし、わたしたちをしかるべき書かれたものの次元に導いてくれる何かがあるとすれば、それは、シニフィエは耳とは何の関係もなく、読むことだけ、シニフィアンとして聞こえるものを読むこ

[35]

とだけと関係があるのだと気づくことです。シニフィエ、それは聞こえるもののことではありません。聞こえるもの、それはシニフィアンです。シニフィエ、それはシニフィアンの効果のことなのです。

そこには、ディスクールの効果、そのものとしてのディスクールの、つまり、それだけで絆として機能するものの、その効果でしかない何かが見分けられます。ものごとをひとつの書かれたものの水準で捉えてみましょう。その書かれたものというのは、それ自体がディスクールの、科学的ディスクールの効果であるもの、すなわち、シニフィアンの場所を共示するために作られたSという書かれたものと、シニフィエを場所として共示する*s*という書かれたものです――この場所という機能はディスクール自体による以外には創られず、各々がその場所に、ということはディスクールのなかでしか機能しません。さて、それら二つのSと*s*の間に横棒があります、S／*s*。

説明するために横棒を一本書く場合、それ〔ça〕は何でもないように見えます。**説明する**〔*expliquer*〕というこの語が、その重要性を全面的に発揮することになります。なぜなら、一本の横棒には理解するための手立ては何もないからです。それが否定を意味すると決められている場合であってもそうです。

否定が何を意味するのかを理解するのは非常に難しいのです。少し近くから見ると、特に気づくのは、実に多種多様な否定があり、それらを同一の概念のもとにまとめるのはまったく不可能だということです。例えば、実在の否定は全体性の否定と同じものではまったくありません。

もっとさらに確実なひとつのことがあります――この横棒が強調しようとしているものが書かれた

ものの距離によってすでに徴《しるし》づけられている限り、Sと*s*という表記に横棒を加えることには、それだけでもう何か余計なもの、さらには無駄とさえ言えるものがあります。この横棒は、書かれたものであればすべてがそうであるように、次のことによって初めて支えられるのです――すなわち、書かれたものとは理解すべきものではない、ということです。

　だからこそ、あなた方はわたしの書かれたものを理解するには及びません。理解できないと言われるのなら、それは結構なことです。それがあなた方にとっては、ちょうどそれらを説明するための機会になるでしょう。

　横棒もことは同様です。横棒とは、まさしく、ランガージュのどのような使用においても書かれたものが生じるための機会がそこにある、そういう地点なのです。ソシュールの著作自体においてSが*s*の上方に、横棒の上にあるのは、この横棒がなければ無意識の諸々の効果の何ものも支えられないからです――このことは、わたしがあなた方に、わたしの『エクリ』〔*Écrits*〕の一部をなす「文字の審級」〔*L'instance de la lettre*〕において、書かれる仕方で――それ以上の何ごとでもなく――証明し得たことです。

　もしこの横棒がなかったら、実際、ランガージュについて言語学によって説明されることは何もないでしょう。もしまとまったシニフィアンがその上を移動してゆくこの横棒がなかったら、あなた方はまとまったシニフィアンがシニフィエのなかに注入されることしか見ることができないでしょう。

　もし分析的ディスクールがなかったら、あなた方はムクドリのようにおしゃべりを続け、**ディスク－ウルクラン**〔*disque-ourcourant*（**日常的ディスクール**）〕をさえずり続け、ディスク〔レコード盤〕を回し続けることでしょう。このディスク〔レコード盤〕が回るのは、**性的な関係がない**からです——これはまさに、分析的ディスクールの全構築がなければ分節され得ない定式であり、わたしはこれをずっと前からあなた方に繰り返し教えてきました。

しかし、繰り返し教えているにしても、それでもまだわたしはそれを説明しなければなりません——性的な関係は書かれ得ないという点で、この定式は書かれたものによる以外には支えられないのです。書かれるものはすべて、性的な関係をそのものとして書くことは永遠に不可能であろうという事実から発します。エクリチュールと呼ばれるディスクールのある種の効果が存在するのは、このことによっています。

[36]

やむを得ず、*x R y* と書いて、*x* が男、*y* が女、そして *R* が性的な関係だと言うこともできはします。それも構わないでしょう。ただし、それが愚かさなのです。なぜなら、シニフィアンの機能のもとに、**男**〔*homme*〕によって、そして**女**〔*femme*〕によって支えられるものとは、ランガージュの**流れる日常の**〔*courcourant*〕使用に完全に縛りつけられたシニフィアンでしかないからです。それをあなた方に証示するディスクールがあるとすれば、それがまさに分析的ディスクールであるというのは、このディスクールは次のことを介入させるからです。すなわち、女は**母である限りにおいて**〔*quoad matrem*〕しか決して捉えられないだろうということです。女は、性的な関係においては、母としてしか、その役割を果たさないのです。

それらは、まさにおびただしい数の真理ですが、これらの真理はわたしたちをもっと先に導いてくれます。何によってでしょうか？　エクリチュールによってです。エクリチュールは、この当初の見立てに逆らわないでしょう。なぜなら、エクリチュールは、この点によってこそ、それが女の享楽が立脚しているあのすべて－ではない〔pas-toute〕のひとつの補塡であることを示すからです。この、女はすべて－ではないという享楽に対して、すなわち、女をどこかで自らを不在に、主体として不在にしているこの享楽に対して、女はあの *a* の栓を、つまり自分の子がそうである栓を見つけることになります。

x の側、つまり、もし支持可能な仕方で、あるディスクールのなかで支持可能な仕方で性的な関係が書かれ得るとしたら男であることになるものの側では、男はシニフィアンでしかありません。なぜなら、男がシニフィアンとして参入しているその場には、男は**去勢されている限りにおいて**〔*quoad castrationem*〕しか、すなわち、ファルス的享楽と関係をもつ限りにおいてしか参入しないからです。その結果、あるディスクール、分析的ディスクールが、この問題に真剣に取り組み、そして書かれたものの条件はそれがあるディスクールによって支持されることにあると措定した、まさにその瞬間から、すべては逃れ去り、そして性的な関係は決して書くことができなくなります――ランガージュの一部分であり、あるディスクールによって条件づけられるもの、そういうものとしての真の書かれたものによってそれを書くということができなくなるのです。

4

文字は、根源的にディスクールの効果です。

わたしが話すことのなかで、実際、善いことがあるといえば、それはいつも同じものではないでしょうか。同じことを繰り返しているというのではありません。問題はそのことではありません。わたしが以前語ったことがあとになって意味を帯びるということです。

わたしが覚えている限りで、初めてわたしが文字について話したとき――たしか一五年前のことで、サン＝タンヌのどこかでした――わたしは、誰もがそうというわけではありませんが、多少なりとも本を読んでいれば誰もが知っている次のような事実を挙げました。すなわち、フリンダース・ペトリー卿〔Sir Flinders Petrie〕という人が、フェニキア字母の文字がフェニキアの時代よりかなり前にエジプトの些末な陶器の表面にあり、そこで商標として使われていることに気づいたのです。このことが意味するのは、文字がまず生じたのは典型的なディスクールの効果である市場からであり、それは誰であろうと人があることをするために複数の文字を使うことを思いつく以前のことだということです。そのあることとは何でしょうか？――シニフィアンの共示とは何の関係もありませんが、しかし文字を練り上げ、磨き上げる何かです。

[37]

ものごとは各々のラングの歴史の水準で捉えなければならないでしょう。明白なことですが、わたしたちがあまりに動転して、それ〔ça〕をどういうわけか**漢字**〔*caractère*〕という別の名で呼ぶことになったあの文字、名指すとすれば中国の文字のことですが、この文字は非常に古い中国のディスクールから、わたしたちの文字の場合とはまったく異なる仕方で生じてきました。分析的ディスクールから生じたために、ここでわたしが取り出す複数の文字は、集合理論から生じ得るそれとは異なる価値をもっています。それらの使い方は異なりますが、それでも――面白いのはそこです――この使い方には、やはりある種の収束関係があるのです。どのようなディスクールの効果にも長所があります、それは文字によってなされる、ということです。

こういったすべては糸口にすぎませんが、いずれ、代数学での文字の使い方と集合論での文字の使い方を区別することで、これを発展させる機会があるでしょう。今のところは、ただ次のことをあなた方に指摘しておきたいと思います——世界は、世界は分解しつつあります、ありがたいことに。世界は、わたしたちにはもうそれが成立しないのが見えます。何しろ、科学的ディスクールにおいてさえ、世界など微塵もないことは明らかだからです。原子に**クオーク**〔*quark*〕というひとつの仕掛けを加えることができるようになったときから、そして、それがまさに科学的ディスクールの真の歩む道だとすれば、とにもかくにも問題はひとつの世界とは別のものだと悟るべきなのです。

あなた方は、それにしても、少しは作家の著作を読み始めなければなりません——同時代のものをとは言いません、つまり、あなた方にフィリップ・ソレルスを読めとは言いません。彼の著作は読むに堪えません、もっとも、わたしの著作もそうですが——そうではなく、例えば、あなた方はジョイスは読めるでしょう。そうすれば、ランガージュがエクリチュールと戯れる術を心得ている場合、ランガージュがいかに自身に磨きをかけてゆくかが分かるでしょう。

ジョイスは、それが読むに堪えないところがよいのです。——間違いなく中国語には翻訳できません。ジョイスのなかで何が起きているのでしょうか？　シニフィアンがシニフィエにトリュフを詰めにやって来るのです。まさに、シニフィアン同士がはまり込み、混じり合い、互いにめり込むという事実から——『フィネガンズ・ウェイク』を読んでください——何かが産み出され、この何かは、シ

[38]

ニフィエとして、謎めいて見えるかもしれませんが、しかし実際には、わたしたち他の分析家が分析的ディスクールを頼みにして読み取らなければならないもの——ラプシュス——に最も近いものなのです。まさにラプシュスの名目で、それ〔ça〕は何かを意味します、つまり、それ〔ça〕は無数の異なる仕方で読むことができるのです。しかし、まさにそれがもとで、それ〔ça〕は間違って読まれ、あるいはそれ〔ça〕は斜めに読まれ、あるいはそれ〔ça〕は読めない、ということになります。しかし、**読まれる**〔*se lire*〕というこの次元は、わたしたちが分析的ディスクールの境域にいることを、それだけで十分に示してはいないでしょうか？

分析的ディスクールにおいて肝要なこと、それはいつも次のようなことです——シニフィアンによって言表されるものに対して、分析家はそれが意味するものとは別の読みを与えるということです。

理解していただくために、あなた方が読んでいるもののなかで、つまり世界という大いなる書物のなかで、ひとつの基準を取り上げてみましょう。ミツバチの飛行をご覧ください。ミツバチは花から花に移動し、蜜を集めています。あなた方が学ぶのは、ミツバチは脚の先に花粉をつけて他の花の雌しべに運んでいるということです。それ〔ça〕が、あなた方がミツバチの飛行から読み取っているものです。低く飛ぶ鳥の飛行のなかに——あなた方はそれ〔ça〕を飛行と呼びますが、実際にはある水準における群であって——あなた方は雷雨になることを読み取るのです。しかし、彼らは読み取っているのでしょうか？　ミツバチは自分が種子植物の繁殖に役立っていることを読み取っているのでしょうか？　鳥は運命の兆候を、昔そう言われていたように、つまり嵐の兆候を読み取っているのでしょうか？

問題のすべては、そこにあります。結局のところ、ツバメが嵐を読んでいるというのはあり得ないことではありませんが、それはまた確かなことでもありません。

あなた方の分析的ディスクールのなかでは、無意識の主体について、あなた方はこの主体が読む術を知っていると想定しています。そして、それ〔ça〕は、他でもない、あなた方の無意識の物語なのです。あなた方はその無意識の主体が読む術を知っていると想定しているばかりでなく、無意識の主体が読む術を学ぶことができるとも想定しているのです。

ただし、あなた方がその無意識の主体に読む術を教えようとしている当のものは、あなた方がそれについて書くことができるものとは、どんな場合であろうと、この場合には、まったく無関係なのです。

一九七三年一月九日

[39]

IV　愛とシニフィアン

〈他者〉の性
シニフィアンの偶然性、シニフィエの慣習性
世界の終わりと傍‐存在
愛は性的関係の不在を補塡する
複数の〈一〉

このセミネールはずっと以前から続いており、しかもこれはわたしが望んでいるようなすべての効果をもっているわけでもないのに、わたしはあなた方にさらに〔encore〕何を語り得るでしょうか？　そう、まさにそれゆえに、わたしが語るべきものはなくならないのです。

しかしながら、人はすべてを語る術をもたないのですから、当然のことながら、わたしはこの狭小な道行きに留まり、絶えず、それが語られた事実においてすでに見出されたもののなかに再び滑り落

ちないように用心しなければなりません。

そういうわけで、今日、わたしはもう一度、この困難な疎通を維持しようと試みるつもりです、というのも、わたしのタイトル『アンコール』によって資格を与えられたひとつの奇想天外な地平がわたしたちの前に広がっているからです。

1

初回にお話ししたとき、わたしは、〈他者〉の享楽は――この〈他者〉は身体によって象徴されると言いましたが――愛のシーニュではない、と明言しました。

当然、それ〔ça〕はすんなり通ります、なぜなら、それは、その前の語りをなすものと同じ水準のことであって、話は揺らいだりはしないと、そう人は感じるからです。

このなかには注釈を加えるべき用語があります。享楽とは、これはまさに、わたしがこの語り自体によって現前させようと試みているものです。この〈**他者**〉の方は、これはかつてないほど問題になっています。

〈他者〉は、一方では、改めて鍛えられ、打ち直されて、その十分な意味、その完全な響きを獲得しなければなりません。また他方では、この〈他者〉は以下のことに支えられた用語として提示されるべきです。すなわち、話しているのはわたしであり、そのわたしは、ひとつの単なるシニフィアンに同一化したものとしてのわたしがいて、その場所からしか話すことができないということです。男というもの、ひとりの女〔une femme〕は、前回言いましたが、それらはシニフィアン以外の何ものでもありません。それらがそれぞれの機能を帯びるのは、そこから、すなわち性の異なる体現としての語りからなのです。

〈他者〉は、したがって、わたしのランガージュにおいては、〈他者〉の性のことでしかありません。[40]

この〈他者〉についての事情はどうでしょうか？　その定立の事情は、性的関係が、すなわちある享楽が、それによって実現するあの回帰の観点から見て、どうなのでしょうか？　この享楽を分析的ディスクールはファルスの機能として沈殿させたものの、この機能の謎はまるごと残されたままです。というのも、この機能はそこでは不在をめぐる諸々の事実による以外には分節されないからです。

しかしながら、これは、人がそれをあまりにも手早く翻訳できると信じたように、そこで問題になっているのはシニフィアンにおいて欠如しているもののシニフィアンである、ということなのでしょうか？　まさにこの点に対して今年度は終止符を打ち、そしてファルスについて、分析的ディスクールにおけるその機能がどのようなものなのかを語ることになるでしょう。今のところは、わたしが前回、横棒の機能として持ち出したものはファルスと無関係ではない、と言っておきます。

先の文には、第一の部分に、**ではない**〔*n'est pas*〕で結ばれた第二の部分が残っています――**愛のシーニュではない**〔*n'est pas le signe de l'amour*〕です。ですから、今年度、まさにわたしたちが分節しなければならないのは、分析的経験によって制定されたすべてのもののいわば中軸にあるもの――すなわち、愛です。

愛、もうずいぶん前から人はそれ〔*ça*〕の話しかしていません。愛が哲学的ディスクールの核心にあることを、わたしは強調する必要があるでしょうか？　わたしたちがこの点に用心しなければならないのは間違いありません。前回、わたしはあなた方に哲学的ディスクールをそのものとして、すなわち主人のディスクールのひとつの変異体として垣間見させました。また同様に、わたしが語ることができたのは、愛は存在を、すなわちランガージュにおいて最も逃れやすいものを目指しているということでした——もう少しのところで在ろうとしていた存在、あるいは、まさに在るものとして一瞬不意を突き、思いがけない贈り物になった存在のことです。そして、これに付け加えることができたのは、この存在は、おそらく**私〔師〕存在**〔*m'être*〕のシニフィアンのきわめて近くにあり、おそらく命令を司る存在であること、そして、数ある囮《おとり》のなかでも最も奇想天外なものがそこにあるということです。このことはまた、シーニュはどのような点でシニフィアンから区別されるのかを問うよう、わたしたちに命ずるものではないでしょうか？

こうして、四つの観点があることになります——享楽、〈他者〉、シーニュ、愛です。

愛のディスクールが自らを存在のディスクールだと認めていた、そんな時代から発信されたものを読んでみましょう。神の三位一体についてのサン＝ヴィクトルのリカルドゥスによる書物を開いてみるのです。わたしたちはまさに存在から出発することになりますが、この存在とは——わたしのパロールにおける、この書かれたものの滑り込みをご容赦ください——**永遠存在**〔*êtrernel*〕として着想された限りでの存在のことで、しかもそれはアリストテレスによる何といってもあれほどにも中庸を得た錬成のあとであり、そしておそらくは、ユダヤ教の真理の言表である**わたしはわたしがあるところのものである**〔*je suis ce que je suis*〕の闖入の影響下においてのことです。

存在という観念が――それまでは、ただ接近され、かすめられていただけでしたが――、永遠なるものの言表によって、あの時間の機能から荒々しく根こぎにされるなかでその頂点に達するとき、そこから奇想天外な結果が帰結します。サン＝ヴィクトルのリカルドゥスは言います。永遠であり、それ自身によって永遠である存在、永遠だが、それ自身によって永遠であるわけではない存在、永遠ではなく、その脆《もろ》い、さらには実在しない存在をそれ自身によってもつわけではない存在、これらはある〔il y a〕、と。しかし、それ自身によって永遠でない存在については、そのようなものはないと言います。永遠なるものと**それ自身によって**の、肯定と否定の交替から生じる四つの下位区分のうち、これだけが、くだんのサン＝ヴィクトルのリカルドゥスにとっては、唯一、除外されなければならないものとして映るのです。

[41]

ここには、シニフィアンに関する問題があるのではないでしょうか？――すなわち、いかなるシニフィアンも永遠なものとして生じるのではない、ということです。

この点が、おそらく、それを恣意的と規定する代わりに、ソシュールが定式化することを試みてもよかっただろうと思われることなのです――シニフィアンは、偶然的なもののカテゴリーによって提示した方がよかったでしょう。シニフィアンは、永遠なもののカテゴリーを拒否しますが、それでも独特なことに、それ自身によるのです。

シニフィアンは、プラトン主義的アプローチを用いて言えば、あの何ものでもないものを分有しているということを、あなた方は明白なことだとは思いませんか？　つまり、創造説の考えが、そこから何かまったく始原的なものが**無から**〔*ex nihilo*〕作り出されたという、あの何ものでもないもののことです。

これはまさに——もし仮に、**怠惰**が、あなた方のそれが、なにがしかの現われによって覚醒させられるとすればですが——〈**創世記**〉に現われてくる何かではないでしょうか？　〈**創世記**〉がわたしたちに物語るのは、創造以外の何ものでもありません——実際、何ものでもないものからの創造です——何ものでもないものからの、何の創造でしょうか？——シニフィアン以外の何ものでもないものの創造です。

この天地創造は、起きるや否や、在るものの命名によって分節されます。これこそがまさに、創造ということの本質ではないでしょうか？　アリストテレスが、およそ何ものかが在ったのであれば、それははじめから在ったのだと、案に違《たが》わず明言するとき、それは創造説の考えにおける何ものでもないものからの創造のこと、したがってシニフィアンの創造のことではないでしょうか？

これはまさに、ある世界観のなかに映し出されてコペルニクス的転回として言い表わされたもののなかに、わたしたちが認めることのできるものではないでしょうか？

2

長い間、わたしは、フロイトがこの転回について主張できると信じていたことがらに疑問を抱いてきました。ヒステリー患者のディスクールから、彼は、シニフィアンが在るということにその全体が集約される、あの別の実体を学んだのです。彼はヒステリーのディスクールからこのシニフィアンの効果を収集することで、このディスクールをあの四分の一回転だけ回らせることができましたが、この回転がヒステリーのディスクールを分析的ディスクールにしたのです。

この四分の一回転という観念自体が転回を想起させますが、しかし、もちろんここでの転回は転覆という意味ではありません。それどころか、回るものは――これが転回と呼ばれるものです――、それが言表されるだけで、自ずと回帰を想起させます。

言うまでもなく、わたしたちはこの回帰の完遂にはまったく至っていません。何しろ、この四分の一回転でさえ成し遂げるのはきわめて骨の折れることですから。しかし、どこかで転回が起きたとすれば、それは間違いなくコペルニクスの水準のことではない、と言っても過言ではないでしょう。すでに久しい以前から、おそらく太陽がまさに中心であって、その周囲をそれ〔ça〕が回っているという仮説が唱えられていました。しかし、そんなことが何だったというのでしょう？　数学者たちにとって重要だったのは、間違いなく、回るものの発端でした。諸々の球体のうちの最終的なものにおける星々の永遠の周回は、アリストテレスによれば、旋回する諸々の球体の運動の第一原因である不動
[42] の球体を前提としていました。星々が回るのは、地球が自転していることによります。これはすでに驚くべきことですが、星々がちりばめられた球体の、この周回、この転回、この永遠の旋回から、別の諸々の球体を練り上げて、いわゆるプトレマイオス体系を着想し、地球から見ればひとつの周期運動に従って鉤《かぎ》状に行き来する、あの紛らわしい位置をとる諸々の惑星を回転させる、そう言う人たち

がいたのです。

諸々の球体の運動をひねり出したとは、途方もない力技ではないでしょうか？　コペルニクスは、中間に位置する諸々の球体の運動はおそらく別の仕方で説明できるだろう、という指摘を付け加えただけです。地球が中心にあるか否かは、彼にしてみれば最も重要なことではありませんでした。

コペルニクス的転回は、ひとつの革命ではまったくありません。類推的でしかないひとつのディスクールにおいて、ひとつの球体の中心が主人－点〔le point-maître〕をなすと想定されるなら、この主人－点を換えることは、すなわち、この点を地球で占めるか太陽で占めるかということは、**中心**シニフィアンが自身で保持しているものを覆《くつがえ》すそれ自体とは何の関係もありません。人間――この語で指し示されるもの、そしてこの語は意味を生じさせるにすぎません――は、地球が中心にあるのではないという発見に動転するどころか、実にうまく地球を太陽で置き換えたのです。

もちろん、今では明白なことですが、太陽もまたひとつの中心ではなく、ひとつの宇宙空間を横切って移動しているわけですが、この宇宙空間の位置にしても、次第に、かりそめにしか確立できないものになっています。中心に留まっているものといえば、それはあの良き慣わしであり、これがあるおかげで、シニフィエは結局のところ、いつも同じ意味を保っているのです。この意味は、各自が抱いている、自分が自分の世界の、すなわち自分の小さな家族とその周りを回るすべてのものの一部をなしている、という感情によって与えられます。あなた方のひとりひとりが――わたしは極左主義者たちにもまた話しかけています――あなた方はそれに、あなた方が思っている以上に縛りつけられていて、それがどれほどのことであるのかを自分で計ってみればよいのです。いくつかの偏見が、あなた方に安定を与え、また、あなた方の反発の射程を制限して、それを最短の期間に、すなわち、まさにそれがあなた方にとって特にひとつの世界観のなかで決して邪魔にならないような最短の期間に留めていて、この世界観の方は完璧な球体のまま残ります。あなた方がシニフィエの中心をどこへ移そうとも、シニフィエはそれを見つけ出します。そして、分析的ディスクールは、その脱中心化において維持するのが難しく、しかも一般の意識にはまだ仲間入りしていないので、現状に変化がない限り、何であれ転覆させるということはまったくできません。

しかしながら、このコペルニクスへの参照をそれでも利用することが許されるなら、わたしは、それが備えている実質的なものが何であるのかを強調したいと思います。それは中心を換えることではないのです。

それ〔ça〕は回っています。この事実が最終的にどんなに矮小化されても、つまり、その原因としては、地球が回っていること、そしてそのせいで回るのは天球であるようにわたしたちには見えるということ、ただそれだけのことだとしても、わたしたちにとって、この事実がもつ価値はまったく変わりません。天球は立派に回り続けていますし、その効果にしても、ありとあらゆる種類のものがあります。例えば、あなた方は暦年によって自分の年齢を数えます。転覆とは、もしこれがいつかどこ[43]かに実在したとすれば、それは回るものの旋回点を変えたということではなく、**それ〔ça〕は回る**を**それ〔ça〕は落ちる**に置き換えたということだったのです。

活きた意味のある点、これについては思いつきのようにして気づいた人が何人かいるように、コペルニクスではなく、むしろどちらかといえば、ケプラーの方です。その理由は、ケプラーにおいては、それは同じ仕方で回るわけではないからです——それは楕円状に回り、したがって、それだけですでに中心という機能を問題化しています。ケプラーにおいては、それ〔ça〕が落ちていく先のものは焦点と呼ばれる楕円の一点であり、そして、これと対称な点には何もありません。これは、あの中心というイメージに対して、間違いなく矯正的なものです。しかし、**それ**〔*ça*〕**は落ちる**が、その転覆としての重みを獲得するには、何に行きつかなければならないでしょうか？　それは次のものであって、これ以上のものではありません——

$$\mathbf{F = g\,\frac{\mathit{mm'}}{d^2}}.$$

人が不当にもコペルニクスに帰したものは、この書かれたもののなかに、すなわち、掌《てのひら》に書けるこれら五つの小さな文字とそこに加えられたひとつの数字に要約されるもののなかにあります。これが、転回という、想像的とはいえ現実界のなかにその基盤をもつ機能から、わたしたちを引き離すものです。

分析のディスクールとして浮上するあの新たなディスクールの分節において産み出されるものとは、シニフィアンの機能から出発するということであり、およそ、シニフィアンが自身のシニフィエの諸々の効果として伴うものが、生きられたものによって事実そのものとして容認されるといったことではありません。

わたしがあなた方に念を押した構造化は、シニフィエの諸々の効果から構築されたものです。彼方の存在そのものを、つまり、永遠なものと解された存在を相関物とするひとつの世界が構築されているということが、幾世にもわたって自然なことのように思われてきました。この全体〔le tout〕として着想された世界は、この語が、どのような手がかりを与えられようと、相変わらず含んでいる制限されたものと相俟って、ひとつの着想であるにすぎず――これはまさに言葉なのです――、ひとつの見解、ひとつの眼差し、ひとつの想像的な把握に留まるものです。さらに、このことから、奇想天外であり続ける次のことが帰結します。つまり、この世界の一部分である何者かが世界を認識することができる、と発端で想定されるのです。この〈一〉〔Un〕者は、そこにおいて、実在と呼べる、あの状態にあります。というのも、もし実在者でなかったら、この者はどのようにして**認識すること**の支えになることができるのでしょうか？　今も変わらず、袋小路や動揺が際立っているのはそこなのですが、それらはひとつの世界の承認に存する、あの宇宙論から帰結します。これとは逆に、分析的ディスクールのなかでは、世界そのもののどんな居残りも、どんな居座りも断念されなければならないということに、わたしたちを導くものはないでしょうか？

ランガージュが――哲学的ディスクールの鍛錬されたラングが――どれほどのものかといえば、絶えず、ご覧のとおり、わたしはこの世界に、すなわち存在の機能が染み込んだひとつの実体というこの想定物のなかに再度滑り込むことを避けられないほどです。

[44]

3

分析的ディスクールの糸をたどることが目指すのは、まさに哲学的ディスクールのラングを再び打ち破ること、折り曲げること、適切な湾曲をもって、すなわち力線のそれとしてさえ維持できないような湾曲をもって印づけることであり、そのことが亀裂を、不連続を、そのものとして産み出すのです。わたしたちの頼みの綱は、ララング〔lalangue〕のなかにあって、この哲学的ディスクールのラングを打ち破るものです。そういうわけで、数学による文字のあの使用法ほど、分析的ディスクールの地平をうまく構成できるものはないと思われます。文字は、偶然ではなく必然性があって文法と呼ばれているものを、ディスクールのなかから明らかにして見せるのです。文法とは、書かれたものにおいてのみ、ランガージュによって明かされるものです。

ランガージュの彼岸であり、ただエクリチュールによってのみ支えられて産み出されるこの効果は、間違いなく数学の理想です。しかるに、書かれたものへの準拠を拒むことは、ランガージュのあらゆる効果から首尾よく分節されてくるものを自らに禁じることになります。この分節は、わたしたちが何をしようとランガージュから帰結してくるものにおいて、すなわち此岸と彼岸という想定されたものにおいてなされます。

此岸を想定すること――そこには直観的なひとつの準拠しかないということを、わたしたちはしっかり感じ取っています。しかし、そうは言っても、この想定を取り除くことはできません。なぜなら、ランガージュは、そのシニフィエの効果において、指示対象からずれるものでしかあり得ないからです。だからこそ、ランガージュは、わたしたちに存在を押しつけておきながら、そのようなものでしかないために、わたしたちに、存在については何も決して得ることができないと認めるよう強いるというのが真実ではないでしょうか？

わたしたちが慣れなければならないこと、それは、この逃れるであろう存在を、**傍‐存在**〔*le par-être*〕を、つまり、**外れた**存在〔l'être *para*〕、ずれた存在〔l'être à côté〕に置き換えることです。

わたしが言うのは**傍‐存在**〔*le par-être*〕であって、見えること〔le paraître〕ではありません。この見えることということのは、古来言われてきたように、現象のこと、すなわち、その彼方にあのものが、ヌーメノンがあるとされる、そういうもののことです――あのものは、実際にわたしたちを、まさに蒙昧主義と名づけられるありとあらゆる混濁化に連れていきました。書かれたものの効果として定式化され得るすべてについてのパラドックスがそこから湧き出てくる、まさにその点において、存在は現前する、すなわち、いつも、越えずれて在る〔par-être〕こととして現前します。しかるべき仕方で動詞活用することを学ぶべきでしょう――わたしは越えずれて在る〔je par-suis〕、君は越えずれて在る〔tu par-es〕、彼は越えずれて在る〔il par-est〕、わたしたちは越えずれて在る〔nous par-sommes〕、以下同様。

まさに、傍‐存在との関係においてこそ、わたしたちは実在しないものとしての性的関係を補塡するものを分節しなければなりません。明らかなのは、これに接近しようとするすべてにおいて、ランガージュはその無能さをもってしか現われてこないということです。

性的関係を補塡するものとは、まさに愛のことです。

〈他者〉、真理の場処としての〈他者〉は、その名で呼べば〈神〉という神的存在の名辞に対して、たとえ還元不能なものだとしても、わたしたちが与えることのできる唯一の場所です。神こそが、言葉遊びを許していただくなら、まさに**神**〔le *dieu*〕――**かみたり**〔le *dieur*〕――**語り**〔le *dire*〕の産み出される場処なのです。些細なことで、語り、それ〔ça〕は神をなします。ですから、何かが語られる限り、神という仮説はあり続けるのです。

[45]

このことから、つまるところ、本当に無神論者であるのは神学者たちだけ、すなわち神について話す人たちだけということになります。

無神論者になる方法は、次のもの以外には何もありません。すなわち、何か分からない恐怖心に駆られて、あたかもこの神がかつて実際に何らかの臨在を現わしたことがあるかのように、両腕で頭を隠してしまうことです。それに対して、何であろうと語るということは、すぐさまその神を〈他者〉の形のもとに存続させることなくしては不可能です。

そのどんなに些細な歩みにおいてもきわめて明白なもの、そして最も確かな理由でわたしが嫌っているあのもの、それは〈物語＝歴史〉です。

〈物語＝歴史〉は、まさに、そこにはなにがしかの意味があるという考えをわたしたちに抱かせるために作られます。これとは逆に、わたしたちが最初にしなければならないのは、次の点から出発することです。すなわち、わたしたちがそこで向き合っているのはひとつの語りであり、それはひとりの他者の語りであって、その他者は、わたしたちに、自分の愚行、困惑〔embarras〕、妨害〔empêchements〕、動揺〔émois〕を物語っている、ということです。そして、まさにそこに読み取らなければならないわけですが、何をでしょうか？――他でもない、これらの語りの諸々の効果です。これらの諸々の効果、すなわち、わたしたちはこれらの諸々の効果において、それ〔ça〕が、話す存在たちを扇動し、揺動し、悩ますのをつぶさに見るのです。もちろん、それ〔ça〕が何かに帰着するためには、それ〔ça〕は奉仕しなければならず、そして、ああ、神様、話す存在たちが、自分で折り合いをつけ、順応し、足の不自由な人が足を引きずるように、それでも何とか細やかな人生の影を、愛の、と呼ばれるあの感情に捧げることができるように、それ〔ça〕が奉仕しなければならないのです。しなければならない、まさにそうしなければならない、それ〔ça〕がもっと〔encore〕続くようにしなければなりません。あの感情を介して、最終的に――教会を隠れ蓑にしてこういったすべてに対して予防策をとった人々が非常によく知っていたように――それ〔ça〕は最終的に身体の生殖に帰着しなければなりません。

しかし、人を思うがままに操《あやつ》って、またしても〔encore〕、体と体を絡めさせ〔en corps à corps〕、そして受肉した体へと再生産させるのとは別の効果をランガージュがもっているということはあり得ないでしょうか？

ランガージュの別の効果はやはりあります、それは書かれたものです。

4

書かれたものについては、ランガージュが存在して以来、いくつもの変動がありました。書かれるものは文字ですが、文字はいつも同じ仕方で創り出されたわけではありません。この点について、歴史が、エクリチュールの歴史が研究されていますが、その際、マヤやアステカの絵文字表記が、あるいは、もう少し古いところではマス・ダジルの小石が、いったい何の役に立っていたのかを想像することに、人は頭を悩ませているのです――この面白い骰子《さいころ》はいったい何だったのか、これを使ってどんな遊びをしていたのか、というわけです。

このような問いを立てるのが、〈歴史〉の常套的な機能です。こう言わなければならないでしょう――決して石斧に、〈歴史〉のイニシアルに触れてはいけない、と。これは、人々を最初の文字に連れ戻すひとつのよい方法でしょう。最初の文字というのは、わたし自身がそこに限界を定めている文字、つまり文字Aです――もっとも、聖書〔la Bible〕は文字Bからしか始まっておらず、文字Aを残していますが――わたしがそれを引き受けるためです。

[46]

そこには学ぶべきことがたくさんあります。といっても、マス・ダジルの小石を研究しようというのではなく、かといって、わたしがかつて良き聴衆である分析家たちにしたように、一元的特徴〔le trait unaire〕を説明するために石の表面の刻み目を探しに行こうというのでもありません――これが彼らの理解力の及ぶところでした。そうではなく、数学者たちが文字を用いてしていることを――彼らが、いくつかのことがらをなおざりにすることで、直観的、融合的、恋愛的な仕方とは別の仕方で〈一〉〔l'Un〕に取り組むことができるのだと、集合論の名の下に、最も根拠づけられた仕方で気づき始めて以来していることを――もっと間近から見てみようというのです。

わたしたちはただひとつである〔*Nous ne sommes qu'un*〕。もちろん、ただひとつなどということが二者の間に起きたためしがないことはひとりひとりが知っていますが、それでも結局、**わたしたちはた**

だひとつであるというわけです。まさにそこから、愛という観念が始まります。これは、まったくのところ、性的関係に、つまり逃れることの明らかなこの名辞に、そのシニフィエを与えようとする最も粗野なやり方です。

英知の始まりとは、老父フロイトが道を切り拓いたのはまさにそれにおいて〔en ça〕だと気づき始めることでなければならないでしょう。わたしが出発したのは、そこからです、というのも、わたし自身、それ〔ça〕に少しばかり心を動かされたからです。しかし、愛が〈一〉と関係があるというのが真実なら、愛は誰であろうと当人自身の外には決して出させはしないと気づくなら、それ〔ça〕は誰であっても心を動かされるでしょう。フロイトが自己愛の機能を導入しながら語ったのが、もしそれ〔ça〕で、それ〔ça〕のすべてで、ひとえにそれ〔ça〕だとしたら、問題はどうして人はひとりの他者に対してひとつの愛を抱くことができるのかということであるのを、誰もが感じ、また感じたのです。

誰もがいつも引き合いに出すこの〈一〉は、まず、人が自らに在ると信じている〈一〉の、あの蜃気楼の性質をもっています。といっても、それが全地平を占めるということではありません。人が望むだけの複数の〈一〉があるのです――それらを特徴づけているのは、互いにどんな点でも似ていないということですが、これについては『パルメニデス』の第一仮説を参照してください。

集合論は突然現われて、次のようなことを提出します――互いにまったく無関係な複数のものについて〈一〉の話をしよう、と。いわゆる思考の諸々の対象を、世界の諸々の対象をひとつにまとめよう、そして、それぞれが一として数えられるのだ、と。これらのまったく雑多なものを集めよう、そして、この集まりをひとつの文字で指し示す権利をわたしたち自身に認めよう、と。このように、その冒頭において集合論は自身を表現しています。例えば、前回わたしがニコラ・ブルバキという呼称のもとに提示したものがそうです。

あなた方は聞き流してしまったでしょうが、わたしは、文字は集まりを指し示す、と言いました。決定版のテクストにそう印刷されています。決定版というのは、著者たちが――ご存じのように著者は何人もいます――最終的に承認したもののことです。彼らは、注意深く、文字は集まりを指し示す、と言っています。それが彼らの小心さであり、また誤りでもあるのです――文字はそれらの集まり**となる**のであり、文字はそれらの集まり**である**のであって、**指し示す**のではありません。文字は、これらの集まりそのものとして機能しているものとして捉えられるのです。

お分かりでしょうが、この**として**を、まだ〔encore〕保持しつつ、わたしは、無意識はひとつのランガージュ**として**構造化されていると言う際にわたしが唱えていることの次元に留めています。わたしが**として**と言うのは、いつも繰り返すことですが、無意識はランガージュ**によって**構造化されていると言うためではありません。集合論における複数の集まりが複数の文字としてあるように、無意識は構造化されているのです。

[47]

わたしたちにとって肝要なのは、現実界という唯一自身の存在を形作るに至らない領分、すなわち性的関係の、その不在を補塡する機能を果たすものとしてランガージュを捉えることである以上――文字しか読まないためには、どのような支えを見出すことができるでしょうか？　まさに数学的な書かれたものの働きそのもののなかに、わたしたちは向かうべき方位点を見出さなければなりません。

それは、この実践から、すなわち、分析的ディスクールという、抜きん出ていて、とりわけ広がっているこの新しい社会的絆から、ランガージュの、つまり、わたしたちが信頼するこのランガージュの機能に関して引き出すことのできるものを引き出すため、そして、このディスクールが、月並みなものかもしれませんが、それでも十分に容認できる効果をもつようにするため――つまり、このディスクールが他のディスクールを支え、さらには補完できるようにするためです。

しばらく前から明らかになっていることですが、大学のディスクールは、**ユニ‐ヴェル‐シテール**〔*uni-vers-Cythère*〕と書かれなければなりません。というのも、このディスクールは性教育を普及させることになるからです。それ〔ça〕が何に帰着するのか、いずれわたしたちには分かるでしょう。その邪魔だてをするのはまったく無用です。この知の拠点は、まさに見せかけの権威主義的な状況のなかに陣取るものですが、そこから何か両性の諸々の関係を改善する効果のあるものが広められ得るなどというのは、ある分析家の失笑を買うのにおあつらえ向きであること間違いなしです。しかし、結局のところ、それもあり得ないことではないでしょう。

前にも言いましたが、天使の微笑みは微笑のなかで最も愚かなものです。ですから、決して自分の失笑を鼻にかけたりしてはいけません。しかし、何か性教育に関することを黒板で証明しようという発想そのものは、分析家のディスクールの観点からすれば、諸々の良き出遇いや幸運の約束に満ちているようには見えないことは明らかです。

もし、わたしの『エクリ』のなかに、わたしの正しい方向づけは――現にそれをあなた方に説得しようと試みているのですから――昨日や今日始まったことではないのだと、何か証明してくれるものがあるとすれば、それはまさに、大戦直後で明るい未来を約束するものなどまったく何もない時期に、わたしが「論理的時間と先取りされた確実性の断言」を書いたことです。ただ耳に聞こえるだけでなく書くこともできるのであれば、切迫の機能からしてすでに、これを定立するのがあの小文字のaであることが、そこにありありと読み取れるはずです。わたしがそこで際立たせたのは、ある間主観性のような何かがためになるある結末に至り得る、という事実です。しかし、より近くから見るだけの価値があると言えるのは、主体の各々が、他者たちのなかのひとりとしてではなく、二人の他者に対して彼らの思考の決め手となる者として担っているものです。すなわち、各々は他者たちの眼差しのもとで対象aとなり、ただその資格においてのみ、この三者関係に関与しているのです。

言い換えれば、彼らは三人ですが、しかし実際は二人プラスaなのです。この二人プラスaは、aに視点を置けば、二人の他者にではなく、ひとつの〈一〉プラスaに還元されます。もっとも、あなた方がご存じのように、わたしはすでに、〈一〉と〈他者〉の関係の不適合性をあなた方に表現しようとしてこれらの機能を用いていますし、また、このaにはいわゆる黄金数という無理数をその支え[48]として与えてもいます。小文字のaについて見れば、これら二つの他者は〈一〉プラスaとして捉えられるという、まさにその限りにおいて、切迫のなかでひとつの出口に到達し得るものが機能するのです。

三者関係のひとつの分節において生じるこの同一化を根拠づけているのは、二者そのものはいかなる場合にも支えとは見なされ得ないということです。二者の間にあるのは、彼らがどのようであれ、いつも〈一〉と〈他者〉、すなわち、その〈一〉と小文字のaであり、〈他者〉は決してひとつの

〈一〉としては捉えられません。

まさに、書かれたもののなかで、望むだけの複数の一をすべての複数の一と見なすという乱暴なことが遂行される限りにおいて、そこから明らかになるいくつもの袋小路が、それ自体で、わたしたちにとっては、存在への可能なひとつの接近路となり、そしてまた、この存在の機能を愛へと可能的に還元するものとなるのです。

最後に、シーニュがどのような点でシニフィアンから区別されるのかを示しておきたいと思います。

シニフィアンは、わたしが言うように、ひとつの主体をひとつの別のシニフィアンに対して再現理することに、その特徴があります。シーニュの場合はどうでしょうか？　旧来、認識についての宇宙理論、すなわち世界観は、火のないところに煙は立たぬ、というよく知られた実例を援用してきました。そこで、わたしの思うところを提案してみるのも悪くないでしょう。煙が喫煙者のシーニュであるということも十分あり得ます。というより、煙はいつでも本質的にそうなのです。たばこを吸う人のシーニュである以外に、煙はありません。誰でも分かることですが、もし無人島に接岸したときにひと筋の煙が見えたら、すぐさま思うのは、そこにはまず間違いなく火を起こす術を知っている誰かがいる、ということです。特別変わったことでもない限り、それはもうひとりの人間だということになります。したがって、シーニュは、何かのシーニュであるのではなく、ある効果のシーニュであり、その効果というのは、シニフィアンの働きによってそれとして想定されるもののことです。

この効果とは、フロイトがわたしたちに教えているもののこと、つまり分析的ディスクールの出発点であるもの、すなわち主体のことです。

主体とは、他でもない――主体に、自分がどのシニフィアンの効果であるのか、自覚があろうがなかろうが――シニフィアン連鎖のなかを滑動してゆく〔glisse〕もののことです。この主体という効果は、ひとつのシニフィアンを特徴づけるものともうひとつのシニフィアンとの間に介在する効果のこと、すなわち、各々の一であり、各々がひとつの元であるという効果です。〈一〉はある支えを介して世界のなかに導入されますが、その支えとしてわたしたちが知っているものは、そのものとしてのシニフィアン、すなわち、わたしたちがそのシニフィエの諸々の効果から切り離すことを学んだ、そのシニフィアンの他にはありません。

愛において目指されているもの、それは主体、そのものとしての主体であり、ひとつの分節された文において、つまり、ひとつの人生全体によって秩序だてられた何か、あるいは秩序だてられ得る何かにおいて想定される主体です。

ひとつの主体は、それ自体としては、享楽とは大した関わりをもっていません。しかし、それに対して、主体のシーニュは欲望を惹き起こすことができます。そこにこそ、愛の原動力があるのです。今後数回にわたってわたしたちはこの道行きを続けるべく試みることになりますが、そこでは、愛と性的享楽がどこで出会うのかが、あなた方に示されることでしょう。

一九七三年一月十六日

[49]

V　アリストテレスとフロイト：他〔者〕の満足

アリストテレスの気苦労
享楽の欠如とおしゃべりの満足
発達、支配の仮説
享楽は性的関係に対して適切ではない

話す存在の諸々の欲求はすべて、ある他〔者〕の満足〔*une autre satisfaction*〕に巻き込まれているという事実に汚染されている――これら三つの語、ある、他者、満足、に下線を引いてください――**ある他〔者〕の満足には、これらの欲求が欠如し得る。**

この最初の文、これは、今朝わたしが目覚めたとき、あなた方に書いてもらおうと紙に書き取ったものですが――この最初の文は、ある他〔者〕の満足と諸々の欲求との間の対立を確かなものにしています――もし、普通に使われるこの用語が、そんなに容易に理解され得るのであればの話ですが、というのも、結局、この欲求という用語は、この他〔者〕の満足から欠けて初めて理解されるものだからです。

他〔者〕の満足なるもの、あなた方はそれを理解しなければなりませんが、それは無意識の水準において満足するものです――それも、無意識がひとつのランガージュとして構造化されている、というのが真実なら、そこで何かが語られたり、語られなかったりする限りにおいてそうなのです。

わたしはここで、しばらく前からわたしが依拠しているものを、すなわち、この他〔者〕の満足が依存している享楽を、ランガージュに支えられている享楽を、もう一度取り上げましょう。

1

ずっと以前に、ずいぶん以前のことですが、精神分析の倫理を扱った際、わたしはまさにアリストテレスの『ニコマコス倫理学』から始めました。

それ〔ça〕は読めるものです。たったひとつだけ、ここにいる一部の人たちにとって、ひとつ不運なことがあります。それがフランス語で読めないということです。これは明らかに翻訳不能なのです。かつて、ガルニエ社から、ヴォワルカンという人のものが出ていて、それでわたしは翻訳があると信じ込んでいました。この人は、もちろん大学人です。ギリシア語がフランス語に翻訳できないから
[50]
といって、この人の過ちではありません。何かと簡約されており、ガルニエ社までフラマリオン社に統合されてしまい、ガルニエ版ではもうフランス語のテクストしか載っていません――言わせても

らうなら、わたしは出版社に腹を立てているのです。そういう次第ですから、あなた方もギリシア語の対比なしのそれをお読みになれば分かりますが、どうにもなりません。厳密に言えば理解不能なのです。

いかなる技術、いかなる研究も、同じくまた、いかなる実践や選択も――これら四つの間にどんな関係があるのでしょう？――**何らかの善を希求していると思われる。また、人が往々にして善をあらゆる状況において目指されるものと定義したのは、まったく理にかなったことである。しかしながら**――次に来るのはこの場には不都合なもので、これについては、まだ話していません――**確かに、それらの目的には相互に違いがあるように見える。**

ギリシア語のテクストに依拠したふんだんな注釈なしで、この濃密な塊を明らかにすることなど、誰であろうとできるわけがないのです。それにしても、単に不十分な覚え書きだからこうなのだと考えることはできません。そういうわけで、時が経つとともに、注釈者たちの頭に蛍《ほたる》が何匹か現われて、こんなにも苦労を強いられるからには、それ〔ça〕にはおそらくある訳があるのだという考えが彼らに浮かんできます。アリストテレスは考察不能だということが当然ということではまったくありません。これについては、あとでまた戻りましょう。

わたしに関することでは、わたしが倫理について語ったことを速記からタイプ打ちして書かれたものが、人々の目に、きわめて有用と映ったことがありました。彼らは、当時、わたしを**精神分析国際会議**〔*Internationale de psychanalyse*〕の注目の的にしようと取り組んでいましたが、結果はご存じのとおりです。実際、彼らは精神分析が含んでいる倫理的なものについてのこれらの考察が、ともあれ漂《ただよ》うことを願っていました。それ〔Ça〕は大いに利益になっていたかもしれません。——わたしはといえば水に落ちて、『精神分析の倫理』の方は水面に浮かんで残ったことでしょう。これが目算だけでは十分でないということの一例です——わたしはこの『倫理』が出版されるのを阻《はば》みました。わたしが出版を認めなかったのは、わたしを受け入れない人たちを、わたしの方が説得しようとすることはない、という考えからです。説得などするものではありません。精神分析の特質とは、阿呆であろうがなかろうが征服しない、ということです。

とはいっても、そのセミネールは、結局のところ、まったく悪くないものでした。その時期、先ほどの目算にはまったく関わっていなかったある人が、そ〔ça〕のように、つまり金銭面においてフェアプレイで、心からそれを編集してくれました。彼はそれをひとつの著作に、彼の著作にしたのです。そもそも、彼はそれを奪おうなどとは夢にも思っていませんでした。ただ、わたしが同意さえすれば、というできあがりとして作ったらしいのです。わたしは同意しませんでした。このセミネールは、おそらく今日では、誰か他の人が出版してくれることになっているすべてのセミネールのうち、唯一わたしが自分で書き直してひとつの著作にするつもりでいるものです。いずれにしても、わたしはそれをひとつにしなければなりません。どうしてこれを選ばないことがあるでしょうか?

自分を試さないということ、フロイトが自分の専門分野としたこの領域を、彼より以前に他の人たちがどのように見ていたのかを見ないということに道理はありません。これは問題になっていることを別のやり方で試すひとつの方法です。すなわち、この領域は人が仕事をするのに使う道具の恩恵なしでは考察できないということであり、証拠が伝えられる唯一の道具が書かれたものであるというこ

[51]

とです。それは、まったく単純なひとつの試練で感じられるようになります――『ニコマコス倫理学』をフランス語訳で読んでも、あなた方はそこに何も理解しないでしょう、それは当然です、それでも、わたしが語っていることに対する理解以下ではありません、ですから、やはりそれ〔ça〕で十分なのです。

アリストテレスは、わたしがあなた方にお話しすることより理解しやすいわけではありません。それ〔Ça〕は、むしろもっと理解しにくいものです。なぜなら、アリストテレスの方がもっと多くのことがらを、しかも、わたしたちにとってはもっと隔たったことがらをかき混ぜているからです。しかし、明らかなことに、先ほどわたしが話したあの他〔者〕の満足は、まさに何かから生起してくることで目星をつけることができる満足のことですが、では何から生起してくるのでしょうか？――善いですか、親愛なる皆さん、この足下に身を置いたが最後、もう逃れることはできなくなってしまうようなからくりから――つまり普遍概念である〈善〉、〈真〉、〈美〉からです。

これら三つの水準があるということが、それらに対していくつかのテクストが試みるアプローチに、ある悲壮な様相を与えています。これらのテクストは**権威づけられた**ひとつの思想に属していますが、この語にわたしは括弧つきの意味を与えます、すなわち、著者の名とともに受け継がれたひとつの思想という意味です。これは、わたしがひとつの非常に古い文化と呼ぶことに慎重になっているものから――それは特定の文化からではありません――わたしたちにやって来る、ある種のテクストに関して起きることです。

社会とは別のものとしての文化、そのようなもの〔ça〕は実在しません。文化とは、まさに、それ

〔ça〕がわたしたちをつかんでいるということです。わたしたちは、もはや文化をノミやシラミのように背中に負うばかりです。なぜなら、わたしたちは、それをどうしてよいのか分からず、ただシラミを取るように取るしかないからです。わたしとしては、文化をそのまま留めておくよう、あなた方にお勧めします。というのも、それ〔ça〕は快くくすぐりますし、また、それ〔ça〕は目を覚まさせるからです。周囲の状況の影響を受けて、つまり、あなた方のあとにやって来るであろう他の者たちがあなた方の文化と呼ぶであろうものの影響を受けて、それ〔ça〕はむしろ少々鈍《にぶ》くなりがちなあなた方の感情を目覚めさせるでしょう。それは彼らにとっては個別の文化になっていることでしょう。なぜなら、ずいぶん前からあなた方は、社会的な絆によってあなた方が引き受けているすべてのものとともに、その影響下にいることになるだろうからです。つまるところ、そこにあるのは、それ〔ça〕だけ、社会的絆だけです。わたしはこの絆をディスクールという用語で指し示します、というのも、それを指し示す他の手段がないからです。社会的な絆というものは、ランガージュが位置づけられ、活字にされる仕方、ひしめき合うもの、つまり話す存在の上に位置づけられる仕方のなかにしっかり根を下ろすのでなければ樹立されません。

以前のディスクールは、そして他のディスクールもあるでしょうが、わたしたちにとって、もはや考察できないものだとか、きわめて考察困難なものだ、などといって驚いてはなりません。わたし自身が明らかにしようと試みているディスクールがあなた方にとってすぐには理解しづらいのと同様に、わたしたちはここから始めているわけですが、アリストテレスのディスクールもまた理解するのはそう容易ではないのです。しかし、それはアリストテレスが考察可能ではないことの、ひとつの理

[52]

由になるでしょうか？　まったく明白なことですが、アリストテレスは考察可能です。アリストテレスが包み隠しているものをわたしたちが気にかけるのは、アリストテレスが何か言わんとしていると単にわたしたちが想像するときです。アリストテレスは、彼の網袋のなかに、彼の思考回路のなかに何をつかんでいるのだろう、何を引き出しているのだろう、何を操《あやつ》っているのだろう、何に関わっているのだろう、誰と戦っているのだろう、何を支持しているのだろう、何を練っているのだろう、何を追求しているのだろう、というわけです。

もちろん、わたしが先ほど読み上げた冒頭の数行で、あなた方はそれらの言葉を理解し、そして、それ〔ça〕が何かを意味しているということをしっかり想定しましたが、当然のことながら、それが何なのかは知りません。**いかなる技術、いかなる研究、いかなる実践**——それ〔ça〕らすべては何を意味しているのか、と。しかし、それはよいことです。なぜなら、アリストテレスはこれに続いて多くのことをそこに盛り、そしてそれ〔ça〕は久しい間に繰り返し筆写された末、印刷されてわたしたちのもとにたどり着いたのであって、それ〔ça〕らすべての中心を占めている何かがあると人は想定するからです。まさにこのとき、わたしたちは自分自身にただひとつのあの問いを発します——どこで、それ〔ça〕が、そ〔ça〕のような仕掛けで、彼らを満足させてきたのか、と。

その用途が当時、何であったのかは重要ではありません。人は、それ〔ça〕が運ばれてきたこと、アリストテレスの何巻もの著作があったことを知っています。それ〔ça〕は、まさに次の点で、わたしたちを困惑させます——すなわち、**どこから、それ〔ça〕は彼らを満足させてきたのか**、という問いは、次の仕方でしか翻訳できません——**どこで、ある種の享楽に過ちが起きたらしいのか？**　別の言い方をすれば、どうして、どうして彼はそ〔ça〕のように気苦労をしてきたのか？

あなた方はよく理解されたでしょう——過ち、欠如、うまくいかない何か、その何かが、明らかに目指されたもののなかへ横滑りし、次いで、すぐさま、それ〔ça〕が、そ〔ça〕のようにして始まるのです——善、そして幸福。両性愛、善、間抜け！

2

現実は享楽の諸々の装具をもって接近される。


これが、さらに〔encore〕わたしがあなた方に提案するひとつの定式です。ただし、装具はランガージュの他にはないということをうまく中心に据えることができるならの話ですが。そ〔ça〕のようにして、話す存在において、享楽は装具を取りつけられています。

これは、快楽原則についての言表を修正するなら、フロイトが語っていることです。彼がこれをそ〔ça〕のように語ったのは、彼より前にそれについて話した他の人々がいたからであり、また、それが彼にとって最も聴くに値すると思われた仕方だったからです。これに目星をつけるのはとてもやさしいことですが、アリストテレスをフロイトに結びつけることがこの目星をつけることの助けになります。

さらに先へ、今まさにそれ〔ça〕がなされ得るところまで推し進めます。そのために語るべきことは、無意識はひとつのランガージュとして構造化されている、ということです。このことから、このランガージュは、確かに、享楽の装具として措定されることで明らかになります。しかし、逆に言えば、おそらく享楽は、享楽そのものにおいて欠落状態にあることを示しているのです――なぜなら、それ〔ça〕がそ〔ça〕のようであるためには、享楽の側の何かが跛行していなければならないからです。

現実は享楽の諸々の装具をもって接近される。それ〔ça〕は、享楽が現実に先行することを意味しません。この点でもまた、フロイトはあるところで誤解を招いてしまったのです――あなた方はこれを、フランス語訳で『精神分析試論』として分類されているもののなかに見出すでしょう――そこでフロイトは発達の話をしています。

[53]

現実自我〔*Real-Ich*〕の前に**快楽自我**〔*Lust-Ich*〕がある、とフロイトは言います。これはまさに、ひとつの滑り、すなわち、古い轍《わだち》へのひとつの逆戻りです。この轍をわたしは発達と呼びますが、これは支配の一仮説にすぎません。言うところによれば、赤ん坊というのは、**現実自我**とは何の関係もなく、哀れなおちびちゃんで、現実的なものが何であるのか、その観念のかけらさえもてないらしい。これがあてはまるのは、わたしたちの知っている人々だけです。もっとも、この大人たちについては、決して目を覚ますには至らないと、はっきり語られています――つまり、彼らの夢のなかに、現実的なものに変化しそうな恐れのある何かが現われると、彼らはそれ〔ça〕に非常に驚いて、ただちに目を覚ます、すなわち、夢を見続ける、というわけです。読むだけで、ちょっとそこまでやってみるだけで、彼らが生活する様子を見るだけで、彼らの分析をしてみるだけで、それ〔ça〕が、発達ということが何を意味するのか気づくはずです。

人が、過程について、**一次的**〔*primaire*〕および**二次的**〔*secondaire*〕と言うときには、おそらく、そこにあるのはひとつの言い方であって、これが錯覚を生むのです。とにかく言えるのは、ある過程が一次的と言われているからといって——結局のところ、人はそれらを好きなように呼ぶことができます——それが最初に現われるわけではないということです。わたしはといえば、赤ん坊を見たときに、この赤ん坊には外界が存在していないと感じたことは一度もありません。赤ん坊がそれ〔ça〕しか見ておらず、それ〔ça〕が赤ん坊を刺激しているのはまったく明らかなことです。しかも、なんと、そのことが、その赤ん坊がまだ話せないということに正確に対応しているのです。赤ん坊が話し始めたとき以降は、それ以前ではなく、まさにこのとき以降は、抑圧があるのはもっともなことです。**快楽自我**の過程は、おそらく一次的なのでしょう。もちろんそうです、わたしたちが考えることを始めるや否や、それは当然、一次的なのです。しかし、それは決して第一のものではありません。

発達は支配の発展と混同されています。まさにここで、音楽を聴くように、少しばかり耳を傾けなければなりません——わたしは**私**〔**師**〕**存在**〔*m'être*〕であり、わたしは**私**〔**支配**〕**存在**〔*m'être*〕においてて進歩し、わたしは、わたしの、そしてまた宇宙の私〔師〕存在である。これがまさに、わたしが先ほど話したこと、すなわち**征服された**-**女陰**〔*con-vaincu*〕なのです。宇宙とはレトリックのひとつの華なのです。この文学的エコーがおそらく手助けをしてくれて、自我もまたレトリックの華かもしれないと気づくことでしょう。この華はフロイトが *Lustprinzip* と呼ぶ快楽原則の鉢から生え出ていますが、わたしはこの快楽原則を、おしゃべりで自らを満足させるものとして定義します。

わたしが無意識はひとつのランガージュとして構造化されていると言うとき、わたしが言っている

[54]

のは、それ〔ça〕なのです。念を押しておかなければなりません。宇宙とは――すべてとすべて－ではないといったある種の言葉の用法や、二つの性におけるそれらの異なる適用をわたしが強調した仕方から、あなた方はおそらく今ではもうお分かりのことでしょう――宇宙とは、語ることによって、すべてが成功するところなのです。

わたしはここで、ウィリアム・ジェイムズについて話し始めようというのでしょうか？　何に成功するのでしょうか？　わたしはあなた方にその答えを語ることができます、つまり、その地点まで、わたしは時の経過とともにあなた方を導くことができたと思います――男の仕方で、性的関係に失敗させることに成功するのです。

普通なら、ここで冷笑を買っているはずですが――なんと、そんな様子はまったくありません。冷笑が意味しただろうことというのは、こうです――ああ、つまり、あなたはこう言いたかったのだ、あれに失敗する、情事に、性的関係に失敗する二つの仕方があるのだ、と。まさにこんな〔ça〕ふうにして、祝婚歌の調べは抑揚をつけて転調されます。祝婚歌、二重唱――この二つは区別しなければなりません――、交互合唱、恋文、これらは性的関係ではありません。これらは性的関係はないという事実の周囲を回っているのです。

そういうわけで、周囲を回る男の流儀というものがあります。そして、さらに他のものがありますが、これについては、わたしは他の呼び方で名指すことはしません。なぜなら、今年度わたしが練り上げているのは、それ〔ça〕だからです――どうすれば、女の流儀で、それ〔ça〕は練り上げられるのか、と。それ〔ça〕は、すべて－ではない、によって練り上げられます。ただ、これまでにそれ〔ça〕

は、すべて－ではない、はあまり探求されていないので、当然のこととして、わたしはそれ〔ça〕に少々苦労しているのです。

その点について、あなた方のちょっとした気分転換に、ひとつ傑作な話をして差し上げましょう。冬のスポーツをしている最中のこと、ある約束を果たすためにミラノまで鉄道で移動しなければならないと思いました。そこまで行くには、まる一日かかります。ともかくミラノに行きました。それで、わたしは、それがわたしの性分なのですが、自分の現在の進捗点に留まらないわけにはいきませんから——わたしは「精神分析の倫理」をやり直すと言いましたが、あれは、それをまた引っ張り出しているからです——まったく無謀な演題を、そんな〔ça〕話を聞いたこともないミラノの人々に対する講演につけていたのです。すなわち、「性的関係への準拠における精神分析」と。彼らはとても頭がよいのです。実によく理解してくれて、すぐもうその晩に、新聞に次のように書かれていました——**ラカン先生にとって、ご婦人方は**、こう続きます、**実在しない！**と。

本当なのですから仕方ありません、もし性的関係が実在しないのであれば、ご婦人方はいないのです。ひとり怒り狂った人がいましたが、この人は地元のＭＬＦ〔女性解放運動〕の婦人でした。この人といったら本当に……わたしは彼女にこう言いました——**明朝おいでなさい、何のことか、ご説明しましょう**、と。

この性的関係の問題が、もしある点から解明されるとすれば、すべて－ではないの練り上げによってこそ道が開かれなければならない限り、その点はまさに婦人方の側にあります。これがこの『アンコール』の背後にある今年度のわたしの真の主題なのですが、これはこのタイトルがもつ意味のひと

[55]

つです。おそらく、このようにして、わたしは女性のセクシュアリティについて新しいものをうまく浮かび上がらせることができるでしょう。

　このすべて-ではないについて、明白なひとつの証拠を提供してくれるあるものがあります。わたしが次のように言うとき、ラングのなかに生じるあれらのニュアンスのひとつ、意味作用のあれらの揺れのひとつによって、すべて-ではない、がどのように意味を変えるのかをご覧ください――**わたしたちの同僚である婦人の分析家たち、彼女たちが女性のセクシュアリティについてわたしたちに語っていることは……すべて-ではない！** まったく驚くべきことですが、彼女たちが女性の性の問題をいささかでも前進させたことはありません。それ〔ça〕には、享楽の装具の構造に結びついた、内在的なひとつの理由があるに違いありません。

3

　先ほど、わたしがまったくひとりで、自分自身に対する異論として提起したことに話を戻します。すなわち、男が性的関係に失敗するひとつの流儀がありますが、さらにもうひとつ他の流儀もあるということです。もし、わたしがそう設定するように、性的関係がないのであれば、この失敗がこの関係の現実化の唯一の形式であることになります。したがって、**すべてが成功する**と言うことは、**すべて-ではない、が成功する**〔*pas-tout réussit*〕と言うことを妨げません。なぜなら、その手筈は同じだからです――それ〔ça〕は失敗します。どのようにそれ〔ça〕が成功するのかを分析することが問題なのではありません。なぜそれ〔ça〕が失敗するのかを嫌というほど反復することが問題なのです。

それ〔ça〕は失敗します。これは合目的的です。このことはすでに強調しました。これが合目的的であることがあまりにも際立っているので、精神分析では目的に関することがらを中心に据えなければなりません。失敗、それは目的なのです。

わたしは、ずっと前から、良い対象と悪い対象はどこが違うのかを語ってきました。良いものがあり、悪いものがある、何ということでしょう。まさしく、今日わたしが始めようと試みているのは、そこから、良いものと関わりのあるもの、つまり善から、そしてまたフロイトが述べていることからです。目的、それは失敗することです。目的の本質は、失敗なのです。

お気づきになると思いますが、アリストテレスとまったく同じように、わたしは本質について話をしました。そして、それ〔ça〕はつまり、これらの古い言葉は完全に使えるということを意味しています。かつて、今日ほど足踏み状態ではなかった頃のことですが、わたしがアリストテレスに続いてすぐに向かったのは、それでした。わたしは、幸福主義をめぐるギリシアのあのすべての足踏み状態のあとで、何か多少とも空気を変えてくれるものがあったとすれば、それはまさに功利主義の発見だった、と言いました。

それ〔ça〕は、聴衆に関して、その当時はわたしにどうでもよいと感じさせるにすぎませんでした、というのも彼らは功利主義について話されるのを一度も耳にしたことがなかったからです——だから、彼らは間違いなどするはずもなかったわけで、それが実利的なものに訴えることだと思うはずもなかったのです。わたしは彼らに、ベンサムの水準の功利主義なるものがどういうものであるかを説明しました。すなわち、一般に信じられているようなものではまったくないということ、そして、これを理解するには『虚構の理論』を読まなければならないということです。

功利主義、それ〔ça〕は、それ〔ça〕以外のことを意味していません——古い語、つまり、すでに役に立っている諸々の語が何の役に立っているのかということこそを考えなければなりません。それだけのことです。そして、人はそれらを自分の役に立てているのですから、その結果に驚くには及びません。それらが何の役に立っているのかを人は知っています、つまり、しかるべき享楽が在るためなのです。次の点を別にすれば、つまり——**ファイール**〔*faillir*〕と**ファロワール**〔*falloir*〕の両義性——すなわち、このしかるべき享楽は、しかるべきでない享楽と翻訳されなければなりません。

そうです、わたしがこの点について教えているのは、実証的なことです。ただし、それ〔ça〕が否定で表現される場合は除きます。それに、どうしてこれが他のことほど実証的でないということがあるでしょうか？

必然——わたしがこの様相によって強調するようあなた方に提案しているもの——とは、何かをやめないものですが、何をでしょうか？——書かれることを、です。これは少なくとも四つの様相カテゴリーを分類するのにとてもよい方法です。それ〔ça〕については別の機会に説明しますが、今回は少しだけお話ししておきましょう。書かれないことをやめないもの、これはひとつの様相カテゴリーですが、あなた方が必然に対立するものとして期待していたであろうカテゴリーではありません。あなた方が期待したのは、これではなく、偶然だったことでしょう。考えてみてください、必然は不可能に結びついており、そして、この**書かれないことをやめない**は、その不可能の分節なのです。生産されるものは、あってはならないであろう享楽です。これはまさに、まさか性的関係は存在しないなどということの相関物であり、また、ファルス的機能の実体的なものなのです。

[56]

今度はテクストの水準で扱い直してみます。これはあってはならないであろう享楽です——条件法。このことは、その使用に関して、前提節と帰結節を示唆しています。もしそれ〔ça〕さえなかったら、それ〔ça〕はもっとうまくいくのだが、というわけです——第二の部分が条件法。これは、まさに実質含意、すなわち、ストア派の哲学者たちが論理学のなかにある、おそらく最も確実なものであることに気づいていたものです。

そうすると、享楽についてあってはならないものを、わたしたちはどのように表現しようというのでしょうか、こうするしかありません——もし享楽に、ファルス的享楽とは別にもうひとつ他のものがあったとしたら、それがその享楽であってはならないだろう、と。

それはとても気がきいています。使わなければなりません、ただし本当に使うこと、すり切れてぼろぼろになるまで、そ〔ça〕のような愚かなほど簡単なものを、諸々の古い語を使い込むことです。それ〔ça〕が功利主義です。そして、それ〔ça〕が普遍概念という古い伝説から抜け出すための大きな一歩を可能にしたのです。プラトンとアリストテレス以来、人はこのごたごたに巻き込まれており、中世全体を通してそれが尾を引き、さらにはライプニッツまで窒息させ、人が彼はどんなふうに賢かったのかと不思議に思うほどでした。

もし享楽に、もうひとつ他のものがあったとすれば、それ〔ce〕がその享楽であってはならないでしょう。

それ〔ça〕は何を指しているのでしょうか、**その享楽**とは？　それは文中の他なるものを指しているのでしょうか、それとも、わたしたちがそこから始めてこの他を他として指し示すことになった、その享楽の方でしょうか？　そこでわたしが言っているのは実質含意の水準で支えられることです。なぜなら、第一の部分は何か偽であるものを指しているのですから――**もし享楽に、もうひとつ他のものがあったとしたら、**しかしファルス的享楽の他に享楽はありません――ただし、女がそれについて、おそらく女はそれを知らないからですが、ひと言も漏らさない享楽、すなわち、女をすべて-ではない〔pas-toute〕にしている享楽は除きます。享楽にもうひとつ他のものがある、というのは偽ですが、このことは帰結が真であることを妨げません。すなわち、それがその享楽であることはあってはならないだろう、というわけです。

このことはまったく正しいのがお分かりでしょう。真が偽から演繹されるなら、それは有効です。含意はうまくいきます。唯一認められないのは、真から偽が帰結するような場合です。出来は悪くありませんよ、論理学は。そのこと〔ça〕にストア派の哲学者たちは自分たちだけで気づいたのですから、大したものです。これらは享楽とは関係のないことだったと思ってはなりません。それらの用語を復権させるだけで足りるのです。

享楽にもうひとつ他のものがある、というのは偽です。このことは、わたしたちが、もう一度、**偽**から始めて両義性を操ったり、それがその享楽であ〔ると偽〕**って**はならないと言ったりすることを妨げはしないでしょう。享楽にもうひとつ他のものがあると仮定してみてください――しかし、まさに、そのようなものはないのです。そして、同時に、そのようなものはないからではなく、その**あっ**

てはならないだろうがそれ〔ça〕に依存しているからでもなく、わたしたちが出発した享楽の上に、それでもなおギロチンの刃《やいば》が落ちてきます。その享楽は、過ち——これは罪責と解してください——小文字の他者の過ちでなければなりません。

このことは付随的に、これは話のついでに言うのですが、ある形而上学で存分にその重要性を発揮する、ちょっとした見通しをわたしたちに開いてくれます。わたしたちが形而上学の飼い葉桶のなかに安心を得るための道具を探しに行く代わりに、わたしたちの方でもまた、形而上学に何かをつかませることができる場合があります。そこで、非‐存在は存在しない、ということについて忘れてならないのは、このことは、パロールによって、それが過ちである存在の帳簿に登録されるということです。このことが存在の過ちであるというのは真です。なぜなら、もし存在が実在しなかったなら、人は、この非‐存在の問題に対して、もっとずっと穏やかでいられるだろうからです。だから、当然のこととして、人はこのことで存在を責めますし、また、存在が過ちを犯しているということにもなります。

[57]

また、まさにそれ〔ça〕のせいで——それに、これにはわたしは時に激怒させられることになります、もっとも、わたしはそこから始めたのですが、覚えておられないでしょう——わたしが我を忘れてしまって、それが**出版する**〔*p'oublier*（**忘却する**）〕ほどにもなると、つまり、**すべてを忘却する**〔*tout-blier*〕ほどにもなると——このなかにはいくたりかの、すべて、が入っています——わたしがその報いとして受けることになるのは、人が話題にするのはわたしについてであって、わたしの本〔のすべて〕についてでは〔まったく〕ないということです。まさにミラノでそれが起きたように。人が、わたしにとってはご婦人方は実在しないと言いつつ話していたのは、おそらく、まったくわたしのことというわけではないのでしょうが、それでも、わたしがそのとき語ったことでないのは確かです。

結局のところ、この享楽が、話す者に、それなりの理由があって到来したのは、この者が小さな未熟児だからです。この者は、この周知の性的関係に何らかの関わりをもち、ありあまる機会にこれが実在しないと気づかされることになります。したがって、それはむしろ一次的ではなく、二次的です。フロイトのなかに、その痕跡があります。彼が**原抑圧**の、つまり原初的抑圧の話をしたのも、まさに、日常の真実も、日常の良いことも、日常の抑圧も、一次的なものではなく――二次的なものだからなのです。

人はそれを、先ほど述べた享楽を抑圧します。なぜなら、この享楽が語られる、というのは適切ではなく、その理由は、まさにそれについての語りが次のようになる以外にないからです――つまり、この享楽は、享楽として適切ではないのです。これはすでに先ほど、この享楽は、あるべきそれではなく、あるべきでないそれである、という言い方で提示しました。

抑圧が生じる場合、抑圧は必ず次のことを証言しています。つまり、すべての語りのなか、最小限の語りのなかに、わたしが今しがた明言したこの語りが含意するもの、すなわち、享楽は性的関係にとって適切ではない――**ふさわしくない**〔*non decet*〕――ということが含まれているということです。それが話すということ、つまり先ほど述べた享楽が話すということが原因で、享楽にとって性的関係は存在しないのです。

まさにそ〔ça〕のために、享楽は黙っている方がよいのですが、結果として、そ〔ça〕のために、性的関係の不在そのものは、さらにもう少し重くなります。そしてまた、まさにそ〔ça〕のために、結局のところ、この享楽は黙っておらず、抑圧の最初の効果として、享楽が他のことを話すことになります。これが隠喩群の原動力になるのです。

以上。あなた方は、そ〔ça〕のすべてと実用性との関係がお分かりになったでしょう。これは実用的です。それ〔ça〕はあなた方を何かに対して奉仕できるようにするのであり、そして、享楽される、あるいは演じられるより他に享楽する術はありません、というのも、まさにそれがあるべきではないであろう享楽だからです。

4

このように一歩一歩進めてゆくことで、わたしは今日、本質的なものに区切りをつけてきましたが、わたしたちはこの一歩一歩の歩みから始めて、アリストテレスとフロイトが互いに照らし合うその光に接近しなければなりません。わたしたちは、この二人の語りが、どのように互いにピン留めし合い、互いに交差することになるのかを問わなければなりません。

[58] アリストテレスは、先に述べた『ニコマコス倫理学』の第七巻で、快楽についての問いを発しています。彼にとって最も確実とされるのは、まさに享楽に依拠することで、快楽は諸々の欲求から区別され得るだけだということであり、これらの諸々の欲求は、わたしが最初にお話ししたことにおいては、そこから出発したものであり、また、アリストテレスが生成のなかで問題にしたものを枠づけし

ているものです。欲求は運動と関係があります。アリストテレスは、実際、彼の世界――この世界は今や流れて永遠に消え去っていますが――の中心に不動の動者を置き、そのあと、この動者が引き起こす運動がすぐに続き、そして、さらにもう少し離れたところに、生まれるものと死ぬものが、すなわち産み出されるものと腐敗するものがやって来ます。諸々の欲求が位置づけられるのは、ここです。諸々の欲求、それ〔ça〕は運動によって満たされます。

奇想天外なことに、どうしてわたしたちはそれ〔ça〕を、フロイトの書きものに、しかも快楽原則の構成のなかに再び見出さなければならないのでしょうか？　快楽原則が、興奮刺激で生じるものによってしか、そしてこの興奮刺激がそこから身を守るために運動を引き起こすことによってしか言及されないというのは、どのような曖昧さがそうさせているのでしょうか？　奇想天外なのは、その点において、それがフロイトが快楽原則として言明していることであるのに対して、アリストテレスでは、それは苦痛の軽減としか見なされておらず、明らかに快楽とは見なされていないことです。

アリストテレスがどこかに快楽のあり方をピン留めするようなことがあるとすれば、それは彼がエネルゲイア〔ἐνέργεια〕と呼ぶもの、すなわち活動のなかでしかないでしょう。

非常に奇想天外なことに、彼が挙げているその活動の、一貫性がないわけではないいくつかの例の最初のもの、それは見ることです――これが彼にとって至高の快楽が宿るところなのですが、この快楽とは、彼がゲネシス〔γένεσις〕の水準から、つまり何かの生成の水準から区別する快楽のこと、すなわち、心から、純粋快楽の中枢から生じる快楽のことです。見ることがひとつの快楽であるためには、わたしたちが見ている事実に先立つような、いかなる努力も必要ではありません。面白いことに、問いをこのように発したあと、彼が危うく主張しなければならなくなるのは何でしょうか？――それは、フランス語では多義的でない語が欠如しているために、**臭いを嗅ぎ分けること**〔*l'odorer*〕としか訳せないものです。アリストテレスは、ここで嗅覚と視覚を同じ平面に置いています。後者の嗅覚が前者の視覚と対立しているように見えても、快楽はこれらによって支えられている、と彼は言います。彼はそこに三番目として、聞こえることを加えています。

まもなく13時45分になります。わたしたちが進んでいく道で自分の位置が分かるように、先ほど踏み出した一歩を次のように定式化することで記憶に留めておいてください。すなわち、享楽は、性的関係が成り立つようにと、あるべきでない享楽に、あるべきではないであろう享楽に、もっぱら従っており、その享楽に全面的に絡めとられている、ということです。ところで、アリストテレスがそのことを指し示す際、そのピン留めの下に生起してくるのは、まさしく、分析的経験のおかげで、わたしたちが、性的同一化の少なくとも一方で、つまり男の側において、対象として見当をつけることができるものです――その対象というのは、〈他者〉によって気づかれることがないであろうものの代わりに置かれる対象のことです。まさに対象aが、欠けているパートナーの代わりにやって来るものの役割を、どこかで――それも男として、一度限りの出発によって――演じる限りにおいて、わたしたちが同じように現実界の代わりに生起してくるのを見慣れているもの、つまり幻想が構成されるのです。

[59] わたしは、それについて、このような仕方で十分に語ったこと、つまり語りすぎたことをほとんど残念に思っています。というのも、〔小文字の〕他〔者〕の側で、女から生じるものの根源的な差異を

見なければならないからです。

次回は、首尾一貫した仕方で――あるいは、次の再開までの間に、つまり半月の間に、あなた方自身が堪え得るような完璧な仕方で――次のことを言明するよう試みるでしょう――すなわち、女〔la femme〕の側では――ただし、抹消されなければならないものをわたしは斜線で示しますので、この**定冠詞**〔*la*〕に斜線を引いてください――〈斜線を引かれた女〉〔L̸a femme〕の側で、存在しないこの性的関係をたまたま補塡することになるもののなかで問題になるものは、対象 *a* の側とは別のものだということです。

一九七三年二月十三日

[61]

VI　神と〈斜線を引かれた女〉〔L̸a femme〕の享楽

読む―愛する、憎む
唯物論者たち
存在の享楽
雄、多形倒錯者
神秘家たち

ずいぶん前から、わたしはあなた方の間を少しばかり散歩しながら話をしたいと願っていました。それに、白状すると、いわゆる学校の休暇のせいであなた方出席者はまばらになっているだろうと期待していました。

その満足がわたしに与えられるのを拒まれてしまったわけですから、前回わたしがそこから始めたもの、**他〔者〕の満足**〔*une autre satisfaction*〕とわたしが呼んだもの、すなわちパロールの満足に立ち戻ります。

　他〔者〕の満足とは、略して男と女と呼べるものの間で、まさにそれ〔ça〕が生じるために、まさにあるべきだった享楽に見合った満足のことです。すなわち、ファルス的享楽に見合った満足のことです。

　ここで注意していただきたいのは、この語――**まさに**〔*juste*〕――によって導入される変化です。この**まさに**〔*juste*〕、**まさしく**〔*justement*〕は、**ぎりぎりの**〔*tout juste*〕、**かろうじて成功した**〔*tout juste réussi*〕ということであり、失敗したものの裏側を示しています――それ〔ça〕はかろうじて〔tout juste〕成功します。アリストテレスが正義〔justice〕の概念について中庸〔le juste milieu（まさに中間）〕としたものが、この点ですでに正当化される〔justifié〕のが分かります。

　おそらく、あなた方のなかには、わたしが*tout juste*〔**かろうじて**〕のなかの*tout*〔**すべて**〕を導入したときに気づいた人もいるでしょうが、わたしはそこである種の迂回をして、どんなラングにも欠けることがない、このすべて〔tout〕という語を指し示している**プロスディオリスム**〔*prosdiorisme*〕という語を避けたのです。ところが、この機会にたまたまやって来て、わたしたちをアリストテレスの正義〔justice〕から正確〔justesse〕へ、ぎりぎりの成功〔réussite de justesse〕へと滑らせたのが、このプロスディオリスム、すなわち、すべて〔le tout〕であったということは、まさに、わたしがまずこうしてアリストテレスを登場させたことを正当化するものです。したがって、それ〔ça〕は、それ〔ça〕であると〔そ（ça）んなふうに〕は、すぐには理解されません。

　アリストテレスが、わたしたちを彼から引き離している隔たりのために、そう容易には理解されないとしても、わたしにしてみれば、まさにそこにこそ、わたしがあなた方に、読むことは理解することをまったく強要しないと言うための正当な根拠があったのです。まずは読まなければなりません。

[62]

1

そういうわけで、今日、わたしは、人によってはおそらくパラドックスに見えるようなある仕方で一冊の本を読むことをあなた方にお勧めしましょう。この本について少なくとも言えるのは、これはわたしに関するものだということです。この本の題名は『文字の資格』〔*Le Titre de la lettre*〕というもので、ガリレ社の**ア・ラ・レットル**叢書として刊行されています。著者たちが誰なのかはあなた方に言わないことにしますが、わたしには、この場合、彼らがむしろ使い走りの役を演じているように見えます。

だからといって、これが彼らの仕事を貶《おとし》めることにはなりません。というのも、わたしとしては、大いなる満足をもってこの本を読み終えたからです。わたしはあなた方聴講者をこの本で試してみたいのです。この本は、この上もない悪意のうちに書かれており、あなた方は最後の三〇頁ほどで、そのことを確認できるでしょう。これはいくら普及を奨励してもしすぎるということはないでしょう。

わたしはこんなふうに言うことができるでしょう、すなわち、読むということに関しては、わたしはかつて——それほどの愛をもって——こんなによく読まれたことはない、と。もちろん、この本の落ちの部分で明らかなように、この愛は、分析理論におけるいつもの愛の替え玉が問題にされ得ないわけではないと少なくとも言える愛です。

しかし、それは言いすぎです。おそらく、そのなかに何らかの仕方でそれらの主体を置くことさえ言いすぎなのです。彼らの感情を問題にすることは、おそらく彼らを主体として承認しすぎることになるでしょう。

だから、こう言うことにしましょう、これは良い読みの手本であり、わたしは、わたしの周囲の者たちから同等のものを何も得たためしがないのを残念に思うほどである、と。

この著者たちは、自分たちに制限を設けなければならないと考えました――しかし、いやはや、この点については彼らを褒めない手はないでしょう、何しろ、読みの条件とは、当然、読みが読み自身に諸々の限界を課すことなのですから――すなわち、わたしの『エクリ』〔*Écrits*〕に収録されている「文字の審級」〔*L'Instance de la lettre*〕という論文に限定したのです。

まず、わたしがソシュールから区別される点、つまり、そのためにわたしがソシュールについて、彼らが言うところの曲解することになったその点、そこから彼らは出発し、徐々に、あの袋小路へと、すなわち、分析的ディスクールにおいて真理とその諸々のパラドックスへの接近がどのようなあり方をするかについてわたしが指し示す、あの袋小路へと導いていきます。そこにおそらく、何か、最終的に、といっても、わたしがことさらそれを探る必要はありませんが、この途方もない仕事を自身に課した者たちが見逃している何かがあるのです。すべてはあたかもまさに袋小路がないかのように済まされており、わたしのディスクールは彼らをその袋小路に導くためにあるのですが、彼らは自分たちはそこから免れていると思っており、そして自分たちは次のような状態にあると明言し――あるいは、わたしに明言してくるのです。これは彼らがたどり着いた地点と同じところに帰着しているわけですが——すなわち、当惑している、と。ですから、あなた方が自ら彼らの諸々の結論に取り組んでみるのは、まったく時宜にかなったことであり、それらの結論から、彼らを傍若無人と形容してよいことがお分かりになるでしょう。これらの結論に至るまでの仕事は、注釈としては完全に心を奪われるような価値があるとわたしが認めざるを得ないような手順でなされています——もしこのことが偶然にも、あなた方の仲間たちを少しばかり注釈してくれるなら、そこではわたしにとって都合のよいことしか見えないのでしょうが、結局のところ、わたしには自信はありません——どうして、というのも、あなた方はいつもここにこんなにも大勢でおられるのですから、どうしてあなた方を信頼しないということがあるでしょう？——しかしながら、最終的にあなた方をうんざりさせない自信はありません。

[63]

それはさておき、要するに、この本の最後の二、三〇頁——実は、これらの頁だけをわたしは斜め読みしたのですが——の他の頁があなた方にとって快適なものであるようにと、結局のところ、わたしはあなた方にそう願うことができます。

2

今お話ししたことを踏まえて、わたしが今日あなた方に語らなければならないことを続けます。つまり、話す存在における両性の間には、関係を補塡するものが言表され得るということでない限り関係は成立しない、という事実に基づいて、先に述べた結論をさらに先へと分節してゆけるということです。

わたしがこの歩みにおける最初の一歩となるものを、〈一〉**部分あり**〔*Y a d'l'Un*〕というもので区切りをつけるようになったのは、ずいぶん前のことです。この〈一〉**部分あり**は単一なものではありません――これは腑に落ちる言い方〔le cas de le dire〕です。精神分析において、あるいは、もっと正確に言えば、フロイトのディスクールにおいて、これを告知するのは、二つをひとつにする融合として定義されたエロス、次から次に膨大な多数をひたすらひとつにする傾向をもつと考えられたエロスです。しかし、あなた方全員にしても、ここにいる限りは間違いなく多数ですが、ひとつをなさないばかりか、そこに達する見込みが皆無であることが明らかであるように――十二分に、それも連日、実証されているとおりであり、たとえわたしのパロールを皆で共有して聖体拝領しているとしてもそうです――フロイトは、この普遍的エロスに対して障害となるべきもうひとつ他の因子を、灰燼《かいじん》への還元であるタナトスの形のもとに現出させなければならないのです。

これは、当然のことながら、隠喩、すなわち、卵子と精子という生殖細胞の二つの単位の幸運な発見によってフロイトにとって可能になった隠喩であり、これら二つの単位について大まかな言い方をするなら、これらの融合から生まれるのは何でしょうか？――ひとつの新しい存在です。ただし、このことは減数分裂なしには、つまりきわめて明白な減算なしには進まないということを別にすればの話です。この減算は、まさに結合が生じるその瞬間の直前の、少なくとも双方の一方に対するものであり、最終段階においてそれなりの役割を果たしている、ある種の諸々の要素の減算のことです。

しかしながら、生物学的な隠喩は、他と比べて確かにここではまだまだ劣ってはいますが、わたしたちを力づけるには十分です。もし無意識が、首尾よくわたしの言っていること、つまりひとつのランガージュとして構造化されているのであれば、わたしたちはラングの水準においてこそ、この〈一〉を問わなければなりません。この〈一〉に対して、幾世紀もの連続が無限の共鳴を生じさせてきたのです。わたしはここで新プラトン主義者たちを思い起こす必要があるでしょうか？　おそらく、わたしはのちほど、この冒険について、かなり手早く取り上げなければならなくなるでしょう。というのも、今日わたしに必要なこと、それは、わたしたちのディスクールによって、そしてわたしたちの経験がエロスの領域に持ち込んだ刷新によって、どこから、ものが捕えられ得るのか、のみならず捕えられなければならないのか、ということをきわめて的確に指摘することだからです。

まさに次のことから出発しなければなりません。すなわち、この〈一〉**部分あり**は、単独の〈一〉部分がある、という強調によって捉えなければなりません。そこからこそ、わたしたちがまさしくその名によって呼ばなければならないもの、すなわち、その名によって数世紀にもわたってものが鳴り響いてきたものの真髄が捉えられます、すなわち、それは愛です。

[64]

分析においてわたしたちが関わるのはそれ〔ça〕だけであり、分析はそれとは何か他の道を介して作用するものではありません。この道は、あなた方に話しかけているこのわたしが、愛とは区別されない限りにおいて、**知っていると想定された主体**〔*le sujet supposé savoir*〕という定式によって転移を引き受けなければならないと考え、分析だけが抽出可能にしたものに向かう独自の道です。

ここで指摘を怠るわけにいかないのは、この知という語があなた方に対して帯びる新しい響きのことです。わたしが知を想定する者を、わたしは愛するのです。つい先ほど、わたしは、あなた方の前で、ある意味〔方向〕か他のそれか、どちらを付与するか、愛の側か、それともいわゆる憎しみの側か、揺れ動き、後ずさりし、逡巡しましたが、そのとき、わたしがあなた方にせき立てるようにして参加するよう勧めていたある読みについて、わたしの評価を貶《おとし》めるために、意図的に毒舌がふるわれていました——このことは、つまるところ星の不吉な影響の除去を欲望する話しかせず、他の何ものも狙っているわけではない者にとっては、それを前に尻込みしてしまうようなことではもちろんありません。つまり、この毒舌は支持できると著者たちの目に映る場所が、まさにわたしの知の脱-想定の場所だということです。わたしが、彼らはわたしを憎んでいる、と言ったのは、彼らがわたしを知であると脱-想定しているからです。

これは当然のことではないでしょうか？　当然でしょう、それこそがまさに、わたしが読みと呼んだものの条件でなければならないことは明らかなのですから。結局のところ、アリストテレスが知っていたことの何を、わたしは推測できるのでしょうか？　おそらく、わたしがこの知を彼に想定しなくなるにつれて、わたしはよりよく彼を読むことになるでしょう。これが読みの厳密な試験の条件であり、そこからわたしがこっそり逃げ出すことのないものです。

ランガージュによって実在するもの、すなわち、ランガージュの侵食の効果によってたまたま織りなされるもの——こんなふうにわたしはランガージュのエクリを定義します——を介して、わたしたちに読むように差し出されているものは無視できません。同様に、いくつもの時代を経て——不適切にも、と言わなければなりません——哲学的と呼ばれるひとつの思考が愛について練り上げてきたものに対して、せめてもの返答もしないというのは横柄なことでしょう。

わたしはここで、この問題を通観しようとは思いません。見受けられるところ、ここにふわふわした塊のように見える面々のタイプからして、あなた方は耳にしたことがあるはずですが、哲学の側では、神の愛は、ある確かな地位を占めていました。そこにはひとつの有無を言わせぬ事実があり、分析的ディスクールはそれを付随的にせよ、考慮に入れないわけにはいかないのです。

ここで、ある言葉をもう一度呼び起こすことにしましょう。それは、わたしがサン＝タンヌから、この小冊子で表現されているように、閉め出されたあとに言われた言葉です――実際は、わたしは閉め出されたのではなく、身を引いたのです。そこには大きな違いがありますが、構いません。そんな話をしているのではありませんし、ましてや、閉め出されたという用語は、わたしたちのトポロジーにおいてこそ、その重要性を帯びるのですから。幾人かの善意の人々が――これは悪意の人々より、よほどたちが悪いのですが――次のような予期せぬ風評に接して驚きました。すなわち、わたしが男と女の間に〈他者〉とやらを置いたのだと、そしてこの〈他者〉は確かに旧来の古き良き神のようだというのです。それは風評にすぎませんでしたが、これらの人々は善意からその流布役を買って出ました。これらの人々は、いやはや、言っておかなければなりませんが、純粋な哲学的伝統、それも唯
[65] 物論を標榜する伝統に属していました――わたしがそれを純粋と言ったのは、まさにその点です、なぜなら唯物論ほど哲学的なものはないからです。唯物論が自分の義務と信じているのは――その理由は神のみぞ知るのですが、これはこの場にぴったりの言い方です――この神に対して警戒することですが、わたしは、この神が、哲学において、愛についての論争のすべてを支配してきたと言ったので

神を愛することでわたしたちが愛しているのは、わたしたち自身であり、そして、まずわたしたち自身を愛することで——いわゆる、立派な慈善は自分自身から始まる、です——わたしたちは神に相応の尊崇の念を抱くのです。

[67]

存在——もし、どうしてもわたしにこの語を使ってほしいのなら——わたしがそれに対峙させる存在——この存在を、あの小冊子は、その読みの、単なる読みにすぎないその最初の数頁から立証することを余儀なくされています——それは意味生成作用による存在です。そして、わたしが分からないのは、意味生成作用による存在の根拠を享楽、つまり身体の享楽のなかに確認することが、どうして唯物論の諸々の理想へと——わたしは**諸々の理想へと**と言います、なぜなら、それは唯物論の範疇を逸脱しているのですから——価値を下げることになるのか、ということです。

しかし、お分かりでしょうが、身体というもの、それ〔ça〕はデモクリトス以来、十分に唯物論的であるようには見えません。原子やそういう類《たぐ》いのものすべてを、そして視覚、嗅覚、等々、それらに続くものすべてを発見しなければならないのです。それ〔ça〕らすべては完全に連動しています。

アリストテレスが、何かと気難しいことを言いながらも、機会があればデモクリトスを引用するのは理由のないことではありません、というのもアリストテレスはデモクリトスを拠り所にしているのですから。実際、原子というのは、単純に意味生成作用のひとつの飛び回る要素、きわめて単純に言えば、ひとつのストイケイオン〔στοιχεῖον〕です。ただし、次の場合は除きます、すなわち、多少なりとも他〔者〕〔l'autre〕を、つまり差異を導入しなければならないだろうところで、要素を要素にしているものしか、すなわち要素は単一であるということしか考慮に入れないなら、それを切り抜けるのに人はありとあらゆる苦労をする羽目になる、という場合です。

さて、それでは、身体の享楽について、性的関係が存在しないのであれば、どういう点で、それ〔ça〕は、その役に立つことができるのかを見てみなければならないでしょう。

3

まず、すべてのxがΦxの関数である側から、すなわち男が配置される側から、事態を捉えることにしましょう。

人は、結局、選択によって自分を配置します――女たちにとって、それ〔ça〕が彼女たちに快楽をもたらすのなら、そこに自分を置くのは自由な選択です。各人が知るとおり、ファルス的な女たちがおり、また、ファルスの機能は男たちが同性愛者であることを妨げるものではありません。しかし、男たちが自らを男として位置づけ、そうして女に接近するのに役立っているのも、またファルスの機能です。男に関しては駆け足で済ませます、というのも、わたしが話すべきことは今日のところは女のことですし、それに、このことはあなた方にもう何度も繰り返しお話ししていますから、まだ頭のなかに残っているでしょう――男にとっては、去勢がない限り、つまりファルスの機能に対して否と言う何かがない限り、男が女の身体の享楽を得る、言い換えれば、セックスする見込みは皆無なのです。

これは分析的経験の結果です。それ〔ça〕には関わりなく、この条件が実現されていなくても、男は女をあらゆる仕方で欲望することができます。単に男は女を欲望するだけでなく、男は女にあらゆる種類のことを、それも驚くほどセックスに似たことをするのです。

フロイトが主張していることとは逆に、男の方が――わたしが言いたいのは、まったくもって話す存在でありながら、雄であることをどうしてよいか分からないまま雄であることを自認している者のことです――、男の方が女に接近し、女に接近していると信じることができます。なぜなら、この点に関しては、諸々の確信が、わたしが前回お話ししたそれら、すなわち**女陰の征服**〔*con-victions*〕には [68] こと欠かないからです。ひたすら、男が接近しているものは自分の欲望の原因であり、これをわたしは対象 ***a*** によって示しました。それが、まさに愛の行為〔**l'acte d'amour**（性交）〕です。セックスすること〔**faire l'amour**（愛をなすこと）〕、その〔愛という〕名が示すとおり、これは詩です。しかし、詩と行為の間には〔ひとつの世界ほどの〕大きな隔たりがあります。愛の行為、それは雄の多形倒錯であり、話す存在におけるものです。フロイトのディスクールに関しては、これ以上確かなこと、これ以上一貫したこと、これ以上厳密なことはありません。

まだ三〇分ありますから、女の側がどうなっているのか、あなた方に、こんな言い方をしてよければ、手ほどきしてみることにしましょう。では、二つのうちのどちらかです――わたしの書くものが何の意味ももたないか、そもそもこれがあの小冊子の結論であり、それ〔ça〕ゆえわたしはあなた方にそれを参照するようお願いしているのです――あるいは、わたしが $\overline{\forall x}\Phi x$ と書く場合、この未発表の関数では否定は量記号において**すべて-ではない**〔*pas-toute*〕と読まれますが、それ〔ça〕は次のようなことを意味しています。すなわち、ひとりの任意の話す存在が女という旗印に従っているとき、これに基づいて、その話す存在はすべて－ではない〔n'être pas-tout〕ことによって確立され、ファルス的関数のなかに自らを置きます。それ〔ça〕が定義するのは、あの……あの何でしょう？――まさに、あの女〔la femme〕なのです。ただし、**定冠詞のついた**女〔*La* femme〕、それ〔ça〕は**定冠詞**〔*La*〕に斜線を引いて抹消しなければ書かれ得ないということを別にすればですが。**定冠詞のついた**女はいません、〔il n'y a pas *La* femme〕、**定冠詞**は全称的なものを指す定冠詞です。**定冠詞のついた**女はいませんというのも――わたしはすでにこの語を敢えて用いているのですから、どうして慎重にも慎重を重ねることがあるでしょう？――、その本質からして、女はすべてではない〔elle n'est pas toute〕からです。

わたしから見ると、わたしの弟子たちは、わたしを読む熱意において、自家薬籠中のものにしたいという欲望に突き動かされた取るに足らない下っ端に比べてもはるかに劣っており、しかも、シニフィアンの欠如、シニフィアンの欠如のシニフィアンについてわけの分からないへまをしたり、あるいは他にもファルスについてとんちんかんなことを言ったりしなかった者はひとりもいませんが、それでもわたしはあなた方に、この**定冠詞**〔*la*〕のなかに、まったく日常的なものであり、しかも不可欠なものですらあるにもかかわらず、シニフィアンを指摘しているのです。その証拠として、すでに先ほど、わたしは男〔l'homme〕と**定冠詞のついた**女〔*la* femme〕について話しました。この**定冠詞**〔*la*〕はひとつのシニフィアンです。この**定冠詞**〔*la*〕によって、わたしはシニフィアンを象徴化するのですが、このシニフィアンの場所に印をつけることは不可欠であり、この場所は空虚なままにしておけません。この**定冠詞**〔*la*〕は、ひとつのシニフィアンであり、その特性は何も意味し得ない唯一のシニフィアンであり、もっぱら、女はすべてではない、ということのなかに定冠詞のついた女の身分を基礎づけています。これによって、わたしたちは定冠詞のついた女について話すことを許されないのです。

言葉の性質であるものの性質によって除外されることによってのみ女はあります。そして、はっきり言っておかなければなりませんが、さしあたり女たち自身がかなり不満をこぼしている何かがあるとすれば、それはまさに、それ〔ça〕なのです——単純に、女たちは自分が何を語っているのかを知らず、それが彼女たちとわたしの違いのすべてです。

それでもやはり、女がものごとの性質によって除外されているのは、まさに次の点によっています。つまり、すべてではないということによって、女はファルス的関数が享楽によって示しているものに対して、ある余分な享楽をもっている、という点です。

わたしが**余分な**〔*supplémentaire*〕と言ったことに注意してください。もし**補完の**〔*complémentaire*〕と言っていたら、わたしたちはどうなっていたことか！　すべてのなかに転落していたでしょう。

女たちは、どの女にしても、すべてではないことによって、くだんの享楽に〔つかまって〕満足しているのです。ですから、いやはや、一般的に言って、言われていることとは正反対に、女たちこそが男たちを所有しているということを認めなければ、まったく誤っていることになるでしょう。

[69] 一般人——わたしはといえば、一般人の知り合いがいます、ここにいるとは限りませんが、一般人の知り合いはたくさんいます——一般人は妻を**かみさん**と呼びます。これ〔ça〕が意味しているのは、それ〔ça〕です。あれなのは、支配されているのは、夫の方であって、妻ではありません。ファルスは、つまり女が言うところの亭主は、ラブレー以来、人も知るように、それ〔ça〕は彼女にとって関

心がないわけではありません。もっぱら、すべての問題の所在はここにあり、女はそれ、つまりファルスに接近し、それを自分のところに引き留めておくさまざまな術をもっています。女は、ファルス的関数のなかですべて－ではない〔pas-toute〕からといって、そこにおいてまったくない〔pas du tout〕のではありません。女はそこではまったくない〔pas du tout〕の**ではない**〔*pas*〕のです。女はそこに満ち溢れています。しかしながら、そこには余分な何かがあるのです。

この**余分な**〔*en plus*〕に気をつけてください、その反響を性急に受け取らないように用心してください。わたしは、これを指し示すのに、もっとうまくすることも、他の仕方ですることもできません。というのも、決着をつけなければならないし、急がなければならないからです。

ある享楽が存在します、というのも、わたしたちは問題を享楽に、身体の享楽に限定しているからですが、その享楽が存在するのは、こう表現してよければ――これを本の題名にしても構わないではないでしょうか？　ガリレ叢書の次の巻にぴったりです――「ファルスの彼岸」〔*au-delà du phallus*〕です。洒落た本になるでしょう、それ〔ça〕は。それ〔ça〕はまた、女性解放運動〔ＭＬＦ〕にひとつの他の一貫性を提供することでしょう。ファルスの彼岸の享楽です……。

あなた方はおそらく気づいていたことでしょう――わたしはここで当然ながら、そこここに見える幾人かの見せかけの男たちに話しかけているのですが、幸いなことに、その大半をわたしは知りません、そう〔ça〕いうわけで、他の人たちの場合に対して、わたしには何ら速断するところがないのです――そう〔ça〕いうわけで、時折、束の間、気づいたことがあるでしょう、女たちを揺さぶる〔secoue〕ような、あるいは救う〔secourir〕ような何かがあることに。これら二つの言葉の語源を、このブロックとフォン・ヴァルトブルク〔Bloch et Von Wartburg〕で見れば――ちなみに、わたしはこの本をこよなく愛しており、あなた方の誰ひとりとしてご自分の蔵書にこの本を備えたりはしていないと確信していますが――、揺さぶると救うの関係がお分かりになるでしょう。それにしても、こういうことは何か偶然に生じるものではありません。

女の、ある享楽が存在します、実在せず、何も意味しないこの**女**の、ある享楽が存在します、そしてその享楽について、おそらく彼女自身は何も知らないか、そうでなければ身をもって知っています――そ〔ça〕のことを彼女は知っているのです。それ〔ça〕が生じたときには、もちろん彼女はそのことを知っています。それ〔ça〕が彼女たちのすべてに生じるわけではないにしても。

わたしとしては、いわゆる不感症を扱うことになるのは望んでいませんが、男たちと女たちの間のさまざまな関係に関する様相は考慮に入れなければなりません。これは非常に重要です。もちろん、そのすべてが、なんとフロイトのディスクールにおいて、宮廷風恋愛の場合と同じように些末な配慮で覆い隠され、この配慮が彼らの災難を招いてしまいました。クリトリス享楽に対する些末な配慮、そして小文字の他者の、と人が呼べるように呼んでいる享楽に対する配慮、この小文字の他者の享楽は、今のところ他の道筋がないので、論理的な道筋でわたしがあなた方を接近させようとしているものです。

わたしが提唱していること、すなわち、この享楽について女は何も知らないということに何らかのチャンスを残してくれているもの、それは、ずっと以前から人は彼女たちにお願いして――わたしは前回、女の精神分析家たちの話をしました――、わたしたちにそれを話してみてください、とひざま

［70］

ずいてお願いしているのですが、いやはや、黙れ！と言われてしまうのです。人は彼女たちからこれまで何ひとつ引き出せたためしがありません。ですから、人はそれを、この享楽を、**膣の**、と呼べるように呼んだり、子宮膣部の後極のことや愚かなことを口にしたりしますが、これはそれを言い表わしている例です。もし、単に女がそのことを身をもって知っていただけで、そのことについて何も知らなかったのであれば、それ〔ça〕は、例の不感症に関して、多くの疑問を投げかけるのを許すでしょう。

それもまた、ひとつの主題、ひとつの文学的な主題です。とはいえ、それ〔ça〕はそこに足を止めてみるだけの価値があるでしょう。わたしは二〇歳の頃から、それ〔ça〕しか、つまり愛という主題〔le sujet de l'amour（愛の主体）〕について哲学者たちを探究することしかしていません。当然ながら、わたしは、すぐにそれ〔ça〕を愛の問題の中心に置いたのではなく、それ〔ça〕は、ある時期に、まさに先ほどあなた方にお話ししていたルスロ神父〔l'abbé Rousselot〕とともに、そして彼らが言う性愛〔l'amour physique〕と恍惚愛〔l'amour extatique〕のすべての論争とともに、わたしに訪れたのです。わたしは、ジルソン〔Gilson〕がこれを、この対比を、それほどよいとは思わなかったのはもっともなことだと思います。彼はルスロがそこでひとつの発見ならぬ発見をしていたと考えました。というのも、それ〔ça〕はその問題の一部をなしていたからであり、フィリア〔φιλία〕、すなわち友愛についての各章を読む術さえ知っていれば、愛はアリストテレスにおいても、聖ベルナール〔Saint Bernard〕におけるのと同じように恍惚的だからです。それ〔ça〕をめぐって、どれほどおびただしい文献が生産されたか、この場にも知っている人がいるはずです、ドニ・ド・ルージュモン〔Deni[s] de Rougemont〕――それ〔ça〕がお分かりでしょう、『愛と西欧』〔*L'Amour et l'Occident*〕、これ〔ça〕は物騒です！――それと、格別に愚かというわけではないもうひとり、その名はニーグレン〔Nygren〕、プロテスタントで、著作は『エロスとアガペー』〔*Éros et Agapè*〕です。結局、必然的に、人はついにはキリスト教において一柱の神を発明し、この神が享楽する！としたのです。

あなた方が、ある種の真剣な人たちを、あたかも偶然のように女性なのですが、お読みになるときには、それでもやはりささやかな橋があります。わたしはそれについて、あなた方にひとつの手がかりを差し上げましょう。この手がかりは、ひとりのとても親切な人物が、これを読んでわたしにもってきてくれたものです。わたしはそれに飛びつきました。これは書くべきですね、そうでないと、あなた方は買わないでしょうから。ヘドウィッジ・ダンヴェール〔Hadewijch d'Anvers〕、ベギン会修道女で、人がまったく丁重にそう呼んでいる神秘家です。

わたしとしては、神秘家という言葉は、ペギー〔Péguy〕が使っていたような使い方をしません。神秘学は、政治でないもののすべてではありません。それは何か真剣なものであり、これについてわたしたちに教えてくれるのは幾人かの人たちで、ほとんどが女性であり、そうでなければ、聖ジャン・ド・ラ・クロワ〔saint Jean de la Croix〕のような天賦の才に恵まれた人たちです――というのも、雄である場合には、人は必ずしも$\forall x \Phi x$の側に自分を置くことを強いられないからです。人は、すべて－ではない〔le pas-tout〕の側に自分を置くこともできます。女たちと同じくらい立派な一部の男たちもいるのです。そういうこと〔ça〕もあります。そして、男たちは、それと同時に、そこで自分たちは同じくらい立派だと思うのです。彼らのファルスにもかかわらず、とは言いませんが、その身分において彼らの邪魔になっているものにもかかわらず、彼岸に存在する享楽というものがあるに違いないという考えを彼らは垣間見、身をもって知ります。これ〔ça〕なのです、いわゆる神秘家たちというのは。

他にも、神秘主義的な側面においてもそんなに悪くなかったけれども、むしろファルス的機能の側に身を置いていた人たちのことは、すでにお話ししました。例えば、アンゲルス・シレジウス〔Angelus Silesius〕――瞑想する自分の眼と神が彼を見ている眼を混同し、それ〔ça〕はまさに、しまいには倒錯的享楽の一部になってしまうに違いありません。話題に上がっているヘドウィッジに関しては、聖テレサ〔Sainte Thérèse〕の場合と同様です――ローマにベルニーニ〔Bernini〕の彫像を見に行くだけで、あなた方はすぐに彼女が享楽していることを理解するでしょう。それ〔ça〕は疑いもありません。[71] では、彼女は何を享楽しているのでしょうか？ 明らかなのは、神秘家たちの本質的な証言とは、自分たちはそれを体験しているが、それについては何も知らないとまさに語っていることです。

これら神秘家たちの放言は、おしゃべりでも無駄口でもなく、結局のところ、それは人が読み得る最善のものです――頁のいちばん下に、注釈――**ジャック・ラカンの『エクリ』をこれに加えること**、なぜなら、それは同じ部類のものだからです。そうすれば、当然、あなた方は、わたしが神の存在を信じているのだと揃って確信する〔convaincus（征服された女陰になる）〕でしょう。わたしは女の享楽を、それが余分〔en plus〕である限りにおいて信じますが、ただし、この**余分**に対して、わたしがこれをまさに説明し終える前に、あなた方がそこにひとつのスクリーンを置くことが、その条件になります。

前世紀末に、つまりフロイトの時代に企《くわだ》てられていたこと、シャルコーおよび他の面々の取り巻きのなかのあらゆる種類の実直な人たちが探し求めていたこと、それは神秘学をセックスの問題に帰着させることでした。間近に見れば、このことはまったくそんなこと〔ça〕ではありません。人が体験しながらそれについて何も知らないこの享楽とは、外－在〔l'ex-sistence〕への道にわたしたちをつかせるものではないでしょうか？　ならば、どうして〈他者〉のひとつの側面を、神という側面を、女性的享楽によって支えられたものとして解釈しないのでしょうか？

そ〔ça〕のすべてが、意味生成作用の存在のおかげで産み出され、また、この存在は、わたしが大文字のAで指し示す〈他者〉の場処の他には場処をもっていないのですから、人は起こっていることを横目で見ているのを分かっています。それに、やはりその場にこそ、まさに去勢が関係づけられる限りにおいての父の機能が書き込まれているのですから、人は、それ〔ça〕が二つの神ではなく、だからといって、それ〔ça〕がただひとつの神でもないことが分かるのです。

言い換えれば、キルケゴールがささやかな誘惑者の冒険において実存を発見したのは偶然ではないのです。彼は、まさに自らを去勢することで、愛を断念することで、それに到達できると考えています。しかし、おそらく結局は、当然のことながら、レギーネもまた実存していたのです。この裏の意味をもつひとつの善の、小文字のaを原因としない善の欲望について、彼がその次元を保持していたのは、おそらくレギーネを介してだったのでしょう。

一九七三年二月二十日

Ⅶ　愛〔魂〕〔ÂMOUR〕のひとつの手紙〔文字〕

aとS(Ⱥ)の融合と分離
〈性別外〉
純粋欠損において話すこと
精神分析はひとつの宇宙論ではない
享楽の知

わたしがあなた方のために黒板に描き終えたものをご覧になって、あなた方はすべて知っていると思われるかもしれません。あなた方はこのことに用心すべきです。

わたしたちは、今日、知について話すことを試みようと思います。この知というのは、わたしがあなた方に、社会的な絆がそれらによって支えられていることを例証できると考えた、あの四つのディスクールの、その登録において、S_2と書くことで象徴化した、あの知です。なぜ、この2が、S_1と登

[74]

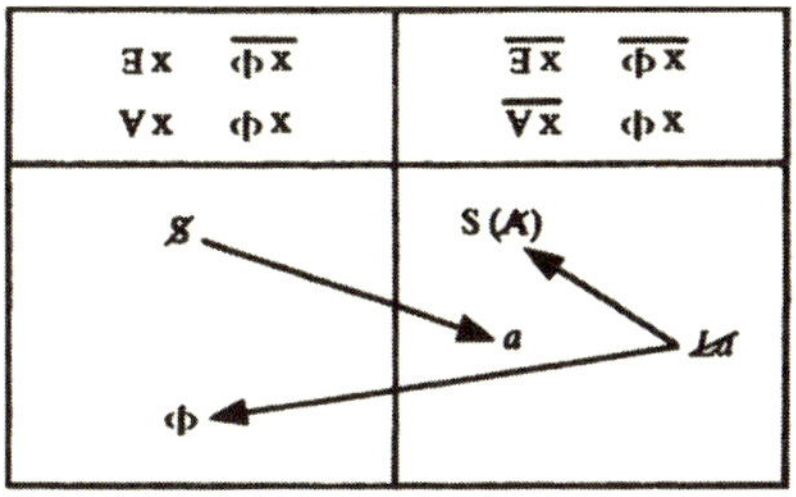

録される純粋シニフィアンに対する二次性を越えることになるのか、わたしはあなた方に、おそらく首尾よく感じ取っていただくことができるでしょう。

1

わたしはあなた方に、黒板のこの登録による支えを与えようと決めていますから、これを解説することにしますが、簡潔にしたいと思います。わたしは、白状すると、これを、どこであろうと書いたことも、また、どこであろうと用意したこともありません。これは、わたしには申し分のない出来とは言えませんが、ただ、例によって、誤解を生むに違いないという点だけは別です。

というのも、分析的ディスクールのようなディスクールは、意味に狙いをつけるからです。意味としては明らかなことですが、わたしはあなた方の各々に、その人がいま吸収しつつあるものしか届けることができません。それ〔ça〕には限界があり、この限界は、あなた方がそのなかで生活している意味によって与えられています。意味には大したことはできないと言っても過言ではありません。分析的ディスクールが現出させるものとは、まさしく、この意味が見せかけであるという考えなのです。

分析的ディスクールが、意味は性的であると指摘するとすれば、それは、他でもない、意味に限界があることについて根拠を与え、説明しようとしているだけです。究極のことばは、もしそれが、**ことば**〔*mot*〕とは**しっ、黙れ**〔*motus*（ひと言も漏らすな）〕のことだという意味でないなら、どこにも在りません――このことはもう強調しました。**返事がない、ひと言も**とラ・フォンテーヌがどこかで言っています。意味は、意味自身がそちらに向かって挫折するその方向を指し示しているのです。

　このことを踏まえた上で――このことはあなた方があまりに急いで理解しないように護ってくれるはずです――、こうしたあらゆる慎重な予防策をとった上で――慎重というのはギリシア語で言うフロネーシス〔φρόνησις（意図、思慮、感覚、高慢）〕のことです、ギリシア語では実に多くのことが語られましたが、それらは、わたしたちが分析的ディスクールのおかげで分節できるものから遠く隔たったままです――、以下に、黒板に記載されたものを大まかに示します。

　まず、上方に、命題論理式が四つ、左側に二つ、右側に二つあります。話す存在は誰であろうと、一方または他方に自分を登録します。左側では、下の行の$\forall x \Phi x$が示しているのは、すべてとしての男が、まさにファルス的関数によって自分の登録をするということですが、次のことはそこから除かれます。つまり、この関数にはひとつのxの存在においてその限界が見出され、このxの存在によって関数Φxは否定されて、$\exists x \Phi x$となるのです。これがまさに、いわゆる父の機能です――ここから否定を介して命題Φxが生じ、そしてこのことが、性的関係を――まったく登録不能である限りにおけるそれを――去勢を介して補填することになるものの、その働きの根拠になるのです。したがって、ここでは、すべて〔le tout〕は、このΦxを全面的に否定するものの上に境界標として定立された例外に、その基礎を置いています。

相対する側にあるのは、話す存在たちのうちの女の領分の登録です。どのような話す存在も、フロイトの理論において明白に定式化されているように、どのような者であろうと、男性の身体的属性を備えていようがいまいが——この属性はいずれ明確にしなければなりません——この部分に自分を登録することを許されています。話す存在がここに自分を登録すると、この者はいかなる普遍性も容認しないことになります。この者は、**Φx**のなかに身を置くか、あるいはこれに属さないかを選択でき、その限りにおいて、あのすべて-ではない〔pas-tout〕になるでしょう。

以上が、ランガージュに棲みつくことがたまたまできる境遇にあるものに関して、男または女と言われる領分についての唯一可能な定義です。

その下を見ると、横断する水平の線と、これに交差して、不適切にも人類と呼ばれるものが、性的同一化に従って分けられるとした場合の、その垂直の仕切りがありますが、この横断する水平の線の下にあるのが、この問題の節々を強調した図式です。男の側として、そこにわたしが登録したのは、もちろん、これは男に特権を与えようというわけではまったくありませんが、$\not{S}$と、それに、シニフィアンとしてこれを支える**Φ**です。この、**Φ**がシニフィアンとして$\not{S}$を支えるということは、いずれにしてもS_1において具現されます。このS_1は、すべてのシニフィアンのなかでそのシニフィエが存在しない、あのシニフィアンであり、したがってまた、意味に関して言えば、その挫折を象徴しています。これは、**半-意味**〔*mi-sens*〕、つまり、すぐれて**不適当な-意味**〔*indé-sens*〕であり、あるいはさら
[75]
に言ってよければ、**言外の-意味**〔*réti-sens*〕なのです。$\not{S}$は、このように、このシニフィアンに裏打

ちされていますが、結局のところ、このシニフィアンには依存さえしておらず、そのパートナーとしては、縦線の反対側に登録された対象*a*の他には、決して関わりをもつことはありません。$\not{S}$にとっては、自分の性的パートナー、これは〈他者〉ですが、これに到達することは、対象*a*が自分の欲望の原因であるということを媒介にしない限り、できないことです。この理由から、他の場でもわたしのグラフにおいて、この$\not{S}$とこの*a*の錐印◇による結合がそれを示しているように、これは幻想以外の何ものでもありません。この、主体がそこにとらわれた幻想とは、それ自体でフロイトの理論において人が現実原則と特に呼んでいるものの支えのことです。

次は他方の側です。わたしが今年度取り組むのは、フロイトが意図的に脇に残したものである*Was will das Weib?* すなわち、**女は何を欲するか？**〔*Que veut la femme?*〕です。フロイトは、リビドーには男のそれしかない、と主張しました。これはどういうことでしょうか？――何ものでもないとは、いずれにしても言えないある場が、こうして知られずにあるということ以外ではないでしょう。この場とは、女の身分規定を引き受ける存在すべての場のことです――もしその存在が、自分の運命をどんなものであろうと引き受けることができるというのなら。それにまた、人が彼女を**女**と呼ぶのは不適切です。なぜなら、前回強調したように、**女**〔*la femme*〕の*la*は、それがひとつのすべて－ではない〔un pas-tout〕によって言表された瞬間から、書かれ得ないことになるからです。*la*は斜線で抹消されてしか、そこにありません。この$\not{La}$が関係をもっているのは、わたしは今日それをあなた方に分かりやすく説明するつもりですが、それは斜線を引かれた形のAのシニフィアンです。

〈他者〉は単に真理がそこで口ごもるあの場処であるわけではありません。〈他者〉は女が根本的に関係しているものをうまく表現するのです。それについては、当然のことながら、わたしたちには散発的な証言しかありませんから、それでわたしは前回それらを、それらがもっている隠喩の機能において取り上げたのです。性的関係において、無意識として語られ得るものに対して、根源的に〈他者〉であることによって、女はこの〈他者〉と関係をもつ者なのです。わたしが今日さらに間近から分節を試みたいと思うのは、この点です。

女は、この〈他者〉のシニフィアンと、この〈他者〉が〈他者〉として常に〈他者〉のままにしか留まることができない限りにおいて関係をもっています。ここで、わたしは推測するばかりですが、あなた方には、〈他者〉の〈他者〉は存在しない、というわたしの言表を思い起こしていただけることでしょう。〈他者〉、すなわち、シニフィアンによって分節され得るもののすべてがそこに登録されるこの場処は、その根本において、根源的に〈他者〉なのです。まさにそのためにこそ、このシニフィアンが、このように開かれた括弧とともに、斜線で抹消されたものとしての〈他者〉に印をつけます――S(Ⱥ)です。

〈他者〉がどこかで、話す存在の半分が――というのも、ともかくそれが大ざっぱに見た生物学上の割合ですから――その半分が依拠するものであるなどということを、どうすれば納得できるでしょうか？　とはいえ、それは黒板に、*L̸a* から発するこの矢印で書かれていることです。この *L̸a* は語られ得ません。女については何も語られ得ないのです。女はS(Ⱥ)と関係をもち、そして、すでにその点で二分されていて、すべてではありません。というのも、他方において、女はΦと関係をもつことができるからです。

Φを、わたしたちは、あのファルスによって指し示します。すなわち、シニフィエをもたないシニフィアン、男においてファルス的享楽によって支えられているそれであるとわたしが規定する、あのファルスです。この享楽は何であると言うべきでしょうか？——もし、わたしたちの実践において自慰行為の重要性が十分に強調しているこのこと、すなわち白痴の享楽でないとしたら。

[76]

2

それ〔ça〕が済めば、あなた方を回復させるために、わたしはあとはもう、あなた方に愛の言葉をささやくだけです。それはのちほどすることにします。しかし、わたしがとうとうあなた方に愛の言葉をささやくことになるとは、そこにどんな意味があるのでしょうか？　というのも、それは、あの方向、すなわち、そこから分析的ディスクールが何か科学であるらしいものに見せかけを装うことができる、あの方向と、ほとんど相容れないのですから。

この**科学であるらしい**について、あなた方はほとんどまったく意識していません。もちろん、科学的ディスクールはガリレオ的転回点の上に確立されたのだと、根拠なしにとは言えないまでも、人が自分自身に請け合うことができた時代があったということは、わたしがあなた方に指摘したことですから、あなた方は知っています。わたしは十分にその点は強調しましたから、あなた方のうちの、どんなに少なくとも何人かは、出典に、すなわちコイレ〔Koyré〕の著作にあたってみただろうと推測します。

科学的ディスクールを問題にする場合、わたしがこれから述べる二つの用語を両立させるのは非常に難しいことです。

一方において、このディスクールは、問題の観点からすると、ちょっと気の利いた装置とも呼ぶべきあらゆる種類の道具を産み出しました。それからというもの、あなた方が諸々の道具の主体〔臣下〕であるということは、あなた方が考えているよりはるかに深刻であり、それらの道具は、顕微鏡からラジオ、テレビに至るまで、あなた方の生活の構成要素になってきています。現時点では、あなた方にはその影響を計り知ることすらできませんが、それでもやはり、ディスクールが社会的な絆の形式を決定づけるものである限り、それがわたしの言う科学的ディスクールというものの一部をなすことに変わりはありません。

他方には、そしてそこに連結は生じませんが、認識の転覆があります。そのときまでは、認識として、性的な絆の登録という幻想の性格を帯びていないものは何も着想されることがありませんでした——そして、古代の認識理論の主体たちはそのことを知ることはなかったとすら言うことはできません。

例えば、能動的・受動的という用語について、ちょっと考えてみましょう。これらの用語は形相と質料の関係について思索されたすべてのものを支配していますが、この形相と質料の関係はきわめて根本的で、ものごとの本性〔nature（自然）〕のあり方に関するプラトンの一歩一歩が、次いでまたアリストテレスのそれが、これに依拠しています。手にとるように明白なのは、それらの言表を支えているのはひとつの幻想でしかないということです。この幻想のなかから、彼らは決して語られ得ないもの、すなわち性的関係を補塡しようと試みました。

奇想天外なのは、質料を受動的なものに、形相をこれに魂を吹き込む能動主にするというこの雑な極性において、何かが、それも両義的な何かが、いずれにしてもかすめたということ、つまり、この魂の吹き込みはあの a 以外の何ものでもないということですが、能動主はこの a によって何に魂を吹き込むのでしょうか?――能動主は何にも魂を吹き込まず、他者を自分の魂と見なすのです。

[77]

神の観念として世々を通じて進展していくものを追ってみてください、神といってもキリスト教信仰のそれではなく、アリストテレスのそれ、不動の動者、至高の球体のことです。ある存在があり、他のすべての存在が、この存在に比してより存在ではなく、でき得る限り存在になろうとすることの他には目的をもち得ないということ、これこそが、アリストテレスのこの倫理学における〈善〉の観念の根本そのものですが、わたしはあなた方に、この倫理学を参照して、その袋小路を捉えるよう促しておきました。こうして今、この黒板の記載をわたしたちの支えにとってみれば、間違いなく次のことが明らかになります。すなわち、アリストテレスにおける明白に神話的なあの至高の〈存在〉、つまり、変化、生成、運動、移動、増大、等々、どんなものであれ、すべての運動がそこから生じてくるあの不動の球体は、まさしく〈他者〉の、つまり、存在するとした場合の女がそれであると言える、その限りにおけるあの〈他者〉の、その享楽の不透明な場にこそ位置づけられるのです。

まさに、その享楽が根源的に〈他者〉である限りにおいて、女の神に対する関係は、古代の思弁において、明らかに男の善としてしか分節されていないものの道に沿って、語られ得たすべてに比べて、さらに深いのです。

わたしたちの教育の目的は、それが分析的ディスクールによって語られ、言表され得るものを追究する限りは、*a*とAの両者を、前者を想像界に属するものへ、後者を象徴界に属するものへ還元することによって切り離すことです。象徴的なものが神とされたものの支えであること、これは疑う余地もありません。想像的なものがそれらしいものからそれらしいものへの反映に支えられていること、これは確かなことです。しかしながら、*a*は、黒板でもS(Ⱥ)の下に書き込まれているように、S(Ⱥ)との混同を招く余地があったのであり、これは存在の機能〔関数〕を媒介にしています。まさにここで、分離が、剝離が依然としてなされなければなりません。この点において、精神分析は心理学とは他のものです。なぜなら、心理学とは、この分離が未完であるもののことだからです。

3

ここで、ひと息入れるために、しばらく前にわたしがあなた方のために書いたものを読ませてもらうことにしますが、何について書いたのでしょうか？――人が愛の言葉をささやくことがそこから可能になる、ただただそういう場で書いたのです。

愛の言葉をささやくこと、実際、分析的ディスクールにおいて人がしているのは、それ〔ça〕だけです。そして、科学的ディスクールの発見以来、分節されるようになったすべてに照らし合わせれば、それがまったくの時間の無駄であることに気づかないということがあるでしょうか？　分析的ディスクールがもたらしたものとは――そして、結局のところ、これがおそらく、このディスクールが科学的ディスクールのある一点において浮上した理由なのですが――、それは、愛の言葉をささやくことそれ自体がひとつの享楽である、ということです。

このことを確実に裏づけるのが、あの効果、すなわち、どんなことでも語ること――分析主体のディスクールの規定そのものです――、それが**快楽原則**〔*Lustprinzip*〕に導くことになるという、しかもアリストテレス倫理学の根本にある高位の諸々の球体へのあの到達をまったく必要とせず、最も直接的な仕方でそれに導くことになる、あの明白な効果なのです。

[78]

快楽原則は、実際、*a* とS(Ⱥ)の融合による以外に確立されることはありません。

Aを斜線で抹消したのは、もちろん、わたしたちです。これは、それを斜線で抹消しさえすれば、それについてはもう何も実在しなくなるということではありません。このS(Ⱥ)によって、わたしが他の何ものでもない女の享楽を指し示しているのは、まさしく、わたしがそこにおいてこそ、神はまだ退場していないということを論点化しているからです。

以下がおおよそ、あなた方が使えるようにとわたしが書いてきたことです。わたしはあなた方に、結局、何を書いてきたのでしょうか？――人にできる、唯一、多少なりとも真剣なもの、愛の文字〔手紙〕です。

こういったすべては、心理学的な諸々の想定のおかげでこれほど長く続くことになりましたが、わたしはその諸々の想定に好意的な評価を与えない者のひとりです。しかしながら、魂をもつという事実が――仮にそれが真実だとした場合――なぜ思考にとって躓《つまず》きになるのか、人は分かっていません。仮にそれが真実だとしたら、魂は、ある存在に対して――その名で呼べば、話す存在に対して

――世界の堪えがたさを堪え忍ぶことを可能にしてくれるものとしてしか語られ得ないことになりますが、これは、魂は世界とは無縁であると、すなわち幻想であると想定することです。すなわち、これは、この魂を、そこでは――つまり、この世界では――それに立ち向かうその忍耐と勇気に関してしか考慮しないということなのです。このことは、今日に至るまで、それが、魂が、それ以外の意味をもったためしがないということによって明確になります。

まさにここで、ララング〔lalangue〕が、フランス語のララングが、わたしに手助けをしてくれるに違いありません――手助けといっても、時折生じるように、わたしに *d'eux* と *deux* および *peut* と *peu* という同音異義語を提供してくれるわけではありません、しかし、この *il peut peu*〔**彼はほとんどできない**〕を見てください、いずれにしても、これは立派にわたしたちにとって何かの役に立っています――そうではなく、単純にそのおかげでわたしは、人は**魂で愛する**〔on *âme*〕と言うことができるのです。わたしは**魂で愛する**、君は**魂で愛する**、彼は**魂で愛する**〔J'*âme*, tu *âmes*, il *âme*〕、というわけです。これでお分かりでしょうが、わたしたちに使えるのはエクリチュールだけであり、それは**一度もわたしは魂で愛していなかった**〔*jamais j'âmais*〕をそこに含めた場合でもそうです。

その存在が、したがって魂のそれが問題になり得るのです――これは、それが愛の効果ではないかと自問するのに適した用語です。実際、魂が魂を魂で愛する〔l'âme âme l'âme〕限り、この問題に性別はありません。性別は重要ではないのです。その結果として魂が生じる錬成は**同性愛的**〔*hommosexuelle*（**男性愛的**）〕であり、それは歴史において完璧に読み取れるとおりです。

わたしが先ほど世界を堪え忍ぶ魂の勇気・忍耐について言ったことは、アリストテレスを、その善の探究において、次のような結論へと導いたものに真に照応しています。その結論とは、世界に在る諸々の存在の各々が最も偉大な存在に向かうことができるためには、自分の善、自分の固有の善を、至高の〈存在〉が輝き発している善そのものとひとつにする他はない、ということです。アリストテレスがフィリア〔φιλία（友愛）〕として言及しているもの、すなわち、それら諸々の存在のうちの二者の間での愛の絆の可能性を表わすものについてもまた、それが〈至高存在〉への緊張を表わしていることから、わたしが先ほどことを表現するのに用いた様相を反転させればよいのです——まさに、至高の存在への堪えがたい関係を堪え忍ぶ勇気において、友人たち〔les φίλοι（フィロイ）〕は互いに認知し合い、選び合う、というわけです。この倫理の性別‐外〔hors-sexe〕は明白であり、それは、モーパッサンがあのオルラ〔Horla〕という奇想天外な〔étrange〕語〔terme（境界標）〕をどこかで明言していますが、そこで与えた強勢〔アクセント〕をこれに与えたいほどです。〈**性別外**〉〔*Horsexe*〕、これが、魂がそれについて思いをめぐらせた男です。

[79]
　しかし、女たちもまた魂で愛に落ちる〔âmoureuses〕ことが、つまり魂を魂で愛することがあります。彼女たちが、そのパートナーのなかに——といっても抜き差しならないほどの同性愛者です——魂で愛し、そこから出てこないこの魂とは、いったい何なのでしょうか？　それ〔ça〕が彼女たちを導く先は、実際、あの究極の終着語でしかありません——わたしがそれをそんな〔ça〕ふうに呼ぶのも訳のないことではありません——それ〔ça〕はギリシア語でユステリア〔ὕστερα〕と言われ、ヒステリーのことです、つまり、わたしが言っているように、男を演じることですが、これは、この事実によって彼女たちもまた**同性愛的**〔*hommosexuelle*（**男性愛的**）〕、あるいは**性別外**〔*horsexe*〕であるというこ

とです——そうなると、彼女たちにとっては、〈他者〉において自分自身を同じものとして愛し合う〔se mêmer〕というところにある袋小路に気づかずにいることは困難です。というのも、結局のところ、〈他者〉としてあるためには、自分が〈他者〉であることを知る必要はないからです。

　魂が存在できるようにと、人は彼女を、女を、魂と、それも起源から区別します。人は彼女を**女と呼びます**〔*dit-femme*〕、人は彼女を**尻尾のない魂だと中傷する**〔*diffâme*〕のです。歴史上、女たち〔les femmes〕について残されている最も名だたる〔fameux〕ことがらとは、まさに女について人が語り得る不名誉な〔infamant〕ことなのです。確かに、女には、グラックス兄弟の母であるコルネリアの名誉が残されています。分析家たちは、そんなことはまず頭にありませんから、彼らにコルネリアの話をするには及びませんが、しかし任意のコルネリアの話をしてみてごらんなさい、すると彼らは言うでしょう、それ〔ça〕は彼女の子供たちであるグラックス兄弟にはあまりためにならないだろう、と——彼らは生涯、ほらを吹き続けるだろう、というわけです。

　以上がわたしの手紙の冒頭部であり、ひとつの魂晴《きば》らし〔âmusement〕でした。

わたしはそれから、宮廷風恋愛のことを仄《ほの》めかしておきましたが、この恋愛が現われたのは、同性愛〔男性愛〕の魂晴《きば》らしが末期的退廃に、すなわち、封建制と言われる、あの途方もない悪夢のようなもののなかに陥《おちい》ったときでした。政治的堕落がこの水準になると、女の側にもはやまったく立ちゆかない何かがあることは、当然、感知されることだったのです。

　宮廷風恋愛の発明とは、人が歴史において習慣的に**定立－反定立－総合**〔*thèse-antithèse-synthèse*〕によって象徴するものの成果などではまったくありません。しかも、当然のことですが、そのあとの総合など、ほんのわずかも起きませんでした――もっとも、そんなものは決して起きはしないのですが。宮廷風恋愛は歴史のなかで流星のように輝きましたが、そのあとには、古代の古道具の、ルネサンスとやらのがらくたが、どっさり戻ってきたのです。宮廷風恋愛は謎として残りました。

その点について、ちょっとした挿入句があります――一が二になるということには、決して逆戻りはありません。それは、たとえ新しい一であろうと、再び一になるということではないのです。**止揚**〔*Aufhebung*〕とは、哲学のあの麗々しい夢のひとつなのです。

宮廷風恋愛が流星のように通り過ぎたあと、これを元来の無益さへと投げ返すものが到来したのは、まったく他の分割からでした。必要とされたのは、まさに科学的ディスクール、すなわち、古代の魂に関する諸々の想定に何も負うところのないものだったのです。

そして、ひとえにそこからこそ、精神分析は、すなわち、話す存在が相も変わらず〔encore〕まったく無益に〔en pure perte（純粋欠損において）〕話すことに時間を費やしているということの対象化は出現したのです。この話す存在は相も変わらず〔encore〕、最も短い職務のひとつのために話すことに時間を費やしています――最も短い〔短絡的な〕ものと言うのは、この職務〔聖務〕が相も変わらず〔encore〕流通している〔en cours〕という以上のものではないという事実のためであり、要するに、それ〔ça〕がようやく解消するために――それこそが、わたしたちの鼻先に差し迫ったことなのですから――、人口統計学的に解消するために必要な時間のことです。

[80]

男の女たちに対する関係を整えるのは、そんなこと〔ça〕ではまったくありません。そのことを見て取ったのがフロイトの天才です。フロイト〔Freud〕というのは、ひょうきんな名前です――**フロイ**

トを通じて力を〔*Kraft durch Freud*〕、これは一大事業です！　これは歴史という聖なる笑劇の最もひょうきんな跳躍です。これ〔ça〕が、この転換期が続いているうちに、人はおそらく、女が関わっているのが〈他者〉、それ〔ça〕である限りにおいて、その〈他者〉に関するものであろう何かについて、ちょっとした閃《ひらめ》きを得ることもできるでしょう。

ここでわたしは、すでに非常によく見て取られたことについてですが、ひとつ本質的な補足をしておきます。これによって、それがどのような道を経て見て取られたのかに気づいたら、この補足はそれを照らしてくれるでしょう。

その見て取られたものというのは男の側だけのことですが、それは、男が関わりをもっているものは対象 *a* だということ、そして、性的関係へのあらゆる彼の成果〔現実化〕は幻想に帰着するということです。人は、言うまでもなく、これを神経症者について見て取りました。神経症者はいかにしてセックスするのか？　人が出発したのは、そこからです。そして、気づかないわけにいかなかったのは、そこには倒錯との相関関係があることでした――これはわたしの *a* の支えになりました、なぜなら、*a* が、くだんの倒錯がどのようなものであれ、そこにその原因としてあるものだからです。

面白いことに、フロイトはもともと、倒錯は女に起因する、としていました――『性欲論三篇』を参照してください。これは、男であれば、その女性パートナーのなかに、自分自身を支えるものを、自分をナルシシックに支えるものを認めるものだということを真に裏づけるものです。

とはいえ、人はそれに続いて、神経症のなかに印づけられると考えていた倒錯が、まったくそう〔ça〕ではないことに気づく機会に出会いました。神経症は、倒錯というより、むしろ夢なのです。

神経症者たちは倒錯者の特徴を何ももっていません。ただ彼らはそれを夢見ているのですが、それはまったく当然のことです、というのも、それ〔ça〕なくして、どのようにしてパートナーに到達するのでしょうか？

倒錯者たち、人はそのとき初めて彼らに出会うようになったのですが、アリストテレスがどうしても目を向けようとしなかったのが、彼らなのです。彼らのうちには、ある実際知〔savoir-faire〕に支えられた行動の転覆があり、この実際知がひとつの知に、ものごとの本性〔自然〕の知に結びついています。そこでは、性的行動がその真理をなすものに、すなわち、その無道徳性〔amoralité〕に直に連動するということが起きています。そのなかの出発点に魂〔âme〕をいくばくか置いてみてください

――**魂への無道徳性**〔*l'âmoralité*〕です……。

ひとつの道徳性があります――それが帰結です――性的行動には。性的行動の道徳性が、〈善〉について語られたすべてにおいて、暗に了解されているのです。

ただし、善について語りすぎると、それ〔ça〕はカントに帰着し、カントにおいては道徳性は自分が何であるかを白状しています。これが、わたしが「カントとサド」という論文で提示すべきだと考えたことです――自分はサドであると、それは、道徳性は白状するのです。

あなた方は、お好きなように**サド**〔*Sade*〕を書いてください――大文字なら、それについて際限のない書き物をわたしたちに残した、この哀れな白痴にオマージュを捧げることになります――小文字でもどうぞ、というのも、結局のところ、それが快く〔agréable〕あるための道徳性自身の流儀ですし、それに、古いフランス語では、それがそ〔ça〕の意味するところだからです――あるいはまた、

[81]

この方がよいのですが、*çade* とすると、これが言わんとするのは、道徳性は、それ〔ça〕は、エス〔le ça〕の水準で完結するのだと、いずれにしてもきちんと言わなければならないということ、そして、それは相当に短絡的だということです。言い換えれば、要は、愛は不可能であるということ、そして、性的関係は無意味の淵に沈み込むということですが、だからといって、わたしたちが〈他者〉に対してもたなければならない関心がまったく削がれるわけではありません。

問題は、したがって、次のことを知ること、すなわち、女の享楽は男にすべて占められているわけではない、それどころか、言うなれば、それ自体としてはまったくそうではないという限りにおいて、この女の享楽を構成するもののなかで、その知がどのようなあり方をするのかを知ることです。

無意識がわたしたちに何かを教えてくれたとすれば、それはまずこのこと、すなわち、どこか〈他者〉のなかで、それ〔ça〕が知っているということです。それ〔ça〕は知っているのです、なぜなら、それ〔ça〕はまさに主体を構成しているこれらのシニフィアンによって支えられているからです。

ところが、それ〔ça〕は混同を招きます、というのも、魂で愛する〔âmer〕者にとっては、世界中のすべてがそれ自身のすべきことを知っていると考えないことは困難だからです。アリストテレスが、自らの神をあの不動の球体で支え、各々は、この球体への使用としての各自の善に従わなければならないとしたのは、この球体がそれ自身の善を知っていると見なされているからです。まさにこれが、科学的ディスクールによって導入された亀裂によって、わたしたちが放棄することを余儀なくされることなのです。

どうしてなのかを知る必要など、まったくありません。わたしたちは、アリストテレスがそもそもそこから出発したあの知を、もはやまったく必要としていないのです。わたしたちには、引力の諸々の効果を説明するために、石は自分の到達すべき場所を知っているのだといって、石のせいにする必要はまったくありません。魂を動物に帰属させることは、知を他ならぬ身体の典型的な行為にします――お分かりでしょうが、アリストテレスはそれほど的外れではありません――ただし、次の点は別です、すなわち、身体は活動のために、エネルゲイア〔ἐνέργεια（原書の綴りは誤っている）〕のために作られており、そして、どこかで、この身体のエンテレケイア〔l'entéléchie〕が、彼が魂と呼ぶあの実体によって支えられている、ということです。

分析はここで、その混同を招きます、つまり、分析はわたしたちに対して目的因を復権させ、わたしたちにこう言わせるからです、すなわち、少なくとも話す存在に関するすべてについて、現実はこの〔ça〕ようであると、つまり幻想であると。このことは、とにもかくにも科学的ディスクールを満足させるものなのでしょうか？

分析的ディスクールによれば、たまたま話す動物が存在しており、しかもこの動物においては、シニフィアンに棲みつくということから、その結果として、その主体〔臣下〕になるということが生じています。そこから、すべてが、この動物にとっては幻想の水準で演じられることになりますが、幻想といっても、ある仕方で完全に分解することが可能で、その仕方で分かるのは、このこと、すなわち、この動物は行動する段になると、自分で思っているよりはるかにことをよく知っているということです。しかし、ことがこうだというだけでは、わたしたちが宇宙論のきっかけをつかむには十分ではありません。

問題は**無意識**という語の永遠の両義性です。確かに、無意識が想定されるのは、話す存在において、本人よりことをよく知っている何かが、どこかに存在していることによるのですが、しかし、これでは世界についての容認し得るモデルにはなりません。精神分析は、その可能性を科学的ディスクールから汲んでいる限り、宇宙論ではないのです。なるほど、男が夢見るというだけで十分に、目の前に、この巨大ながらくたの山が、この家具倉庫がまたぞろ繰り出してきて、彼はそれと折り合っていかなければならず、また、そのことが間違いなく彼を魂に、それも何ものかが彼を愛してくれる場合には、愛すべき魂にするのではありますが。

[82]

女が男のなかに愛することができるのは、それによって男が魂で愛するその知に、男が取り組む仕方だけだと、わたしは言いました。しかし、男がそれによって存在する知に関しては、問題が以下のことから生じます、すなわち、何かが、享楽があり、この享楽に関して、女はそれについて何かを語ることができるのか——女はそれについて知っていることを、それについて語ることができるのか——を語ることは不可能だということです。

今日のこの講義を終えるにあたって、わたしは、したがって、いつものとおり、わたしの主題の極をなしていたものの縁にやって来ています。つまり、女がそれについて何を知っているかは問題になり得るか、ということです。これは他でもない次の問題なのです、すなわち、女が男との関係をなす、あのすべての**演技**の彼岸で享楽しているあの境界、わたしがAをそのシニフィアンとして〈他者〉と呼んでいるあの境界自体が何かを知っているのかを知る、という問題です。なぜなら、この点においてこそ、女自身が、男とまったく同じだけ、〈他者〉を被《こうむ》り、それに従属しているからです。

〈他者〉は知っているのでしょうか？

エンペドクレスという名前の人がいました――偶然であるかのように、フロイトが時々、栓抜きを使うようにして、この人を使っています――この問題に関しては、この人のものはわたしたちには三つの詩句しか知られていませんが、アリストテレスは、そこから実にうまく結論を引き出して、こう言明しています、すなわち、結局のところエンペドクレスにとって、神とはすべての存在のなかで最も無知なるものだった、なぜなら憎しみをまったく知らないからだ、と。この点を、後世のキリスト教徒たちは、溢れるほどの愛に変えてしまったのです。残念なことに、それはあてはまりません、なぜなら、憎しみをまったく知らないということは、愛もまたまったく知らないということですから。神が憎しみを知らないのであれば神は人間よりものを知らないということは、エンペドクレスにとっては明らかなことなのです。

したがって、次のように言えるでしょう、すなわち、男が女に対して神との混同を招く、つまり女の享楽するものとの混同を招く、その度合いが増せば増すほど、男は憎ま〔hait〕なくなり、存在し〔est〕なくなり――綴りは二つです〔hait と est は同音〕――そしてさらに、結局のところ憎しみなくして愛はありませんから、愛さなくなるのです。

一九七三年三月十三日

Ⅷ 知と真理

憎愛作用
真理についての知
ファルス機能〔関数〕の偶然性
フロイトの愛徳
知を享楽すること
無意識と女

わたしは、たまには応答を、さらには抗議でもいただきたいものだと思っています。

前回わたしは、ひと言で言うと、かなり気がかりな気持ちで終えたのです。しかし、読み返してみると、自分自身にとってもまったく我慢できるものだということが分かりました――これはわたし流の言い方で、よくできていた、という意味です。しかし、もしかして、どなたかが何ごとかを聞き取

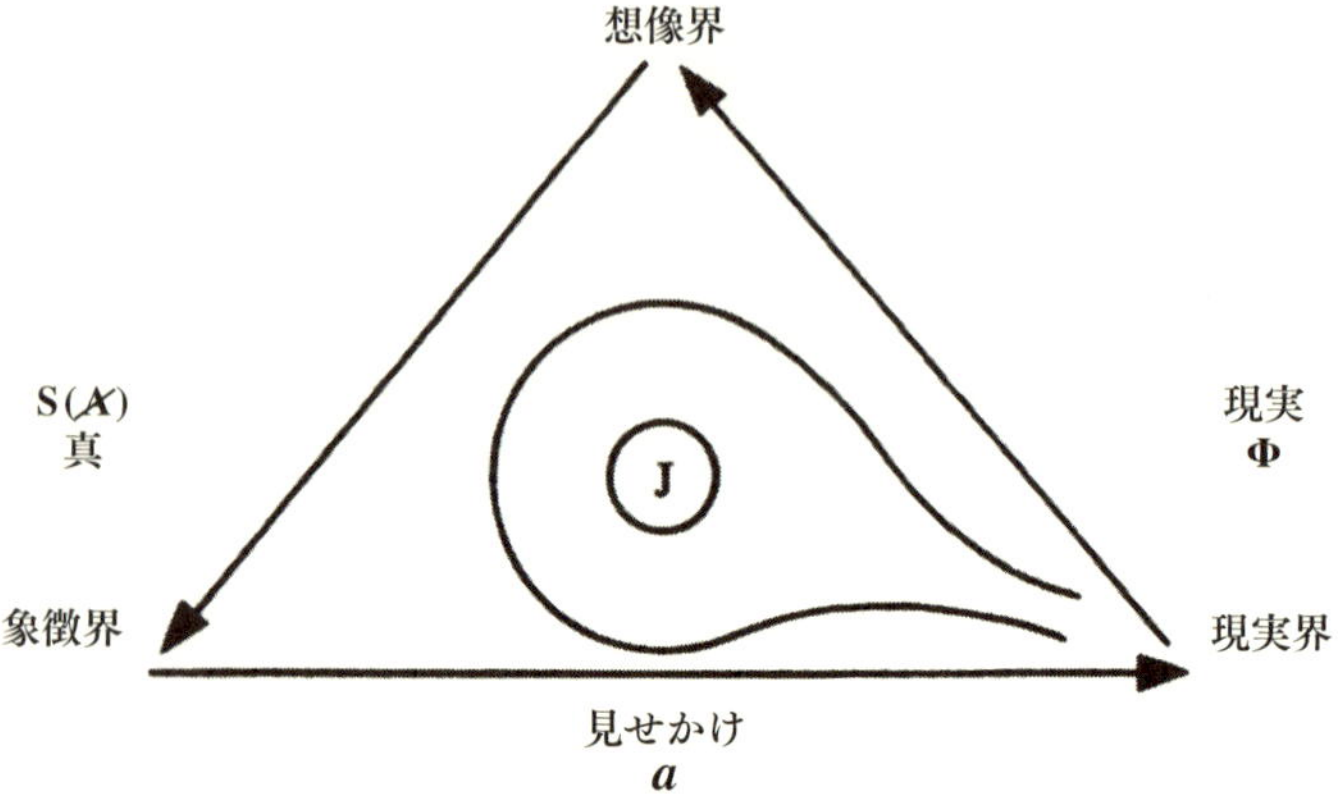

ったという証言をしてくれるのであれば、わたしは不満ではありません。手を挙げてもらうだけで、こう言ってよければ、その手に発言してもらうのですが。

見たところ、その気配もないので、先を続けることにします。

[84]

1

今日、わたしがあなた方に、好んで**憎愛作用**〔*l'hainamoration*〕と書き留めるものは、精神分析が導入し、そこに自らの経験の領域を位置づけることができたレリーフです。それは、精神分析にしてみれば、ひとつの熱意の証でした。もし両価性という折衷の語ではなく別の語でこれを呼ぶことさえできていれば、おそらく精神分析がその一端を担うその時期の文脈をもっとうまく蘇らせることができたでしょう。しかしながら、それはおそらく精神分析にしてみれば慎みだったのでしょう。

前回わたしが指摘したように、フロイトがエンペドクレスによって語られたことを、すなわち、神は憎しみをまったく知らないがゆえに、あらゆる存在のなかで最も無知でなければならないということを盾にとったのは、理由のないことではありません。愛の問題が、こうして知のそれに結びつけられるのです。これに加えてわたしが言ったのは、キリスト教徒たちが、この神の憎しみのなさを愛の印に変形させたということです。まさにこの点において、分析は、憎しみなくして愛を知ることはないということを思い起こすよう、わたしたちを促します。ところで、何世紀にもわたって助長されてきたこの認識がわたしたちを失望させるとすれば、そしてまた、わたしたちが今日、知の機能を刷新しなければならないとすれば、それはおそらく、憎しみというものが、まったくその本来の場に置かれていなかったからです。

確かに、それは言及するのがことさら好ましく思われることではありません。ですから、わたしは以下のような文句で終えました──「次のように言えるでしょう、すなわち、男が女に対して神との混同を招く、つまり女の享楽するものとの混同を招く、その度合いが増せば増すほど」、前回のわたしの図を思い起こしてください、「男は憎ま〔hait〕なくなり」、そして同時に「存在し〔est〕なくなる」、すなわち、この件においては「愛さなくなるのです」と。ひとつの真理ではありますが、この文句で終えたことに、わたしはあまり満足していなかったのです。そういうわけで、わたしは今日もう一度、真なるものと現実的なもののことでどうやら混同されているものについて自問してみようと思います。

真なるものは現実的なものに狙いをつけているということ、この言明は真理への数々の思い上がりを地道に還元してきた成果です。真理が自ら、パロールがその支えになることができる理想に由来するものを自称し、自任する場合にはいつも、真理はそのように容易に到達されるものではありません。分析はどうかといえば、分析がある推定によって自己定立するのだとすれば、それはまさに、真理についてのひとつの知が分析の経験から構成できるとする推定によるのです。

わたしがあなた方に示した分析的ディスクールの小さな文字式では、aは上方の左側に書かれており、そうしてS_2によって、すなわち、真理の場に在るものとしての知によって支えられています。まさにそこから、それは$\$$に問いかけ、そのことがS_1、シニフィアンの生産に帰着することになりますが、このシニフィアンの生産によって解くことができるのは何でしょうか？——真理に対するaの関係です。

$$\frac{a}{S_2} \longrightarrow \frac{\$}{S_1}$$

分析的ディスクールの図〔シェーマ〕

[85]

真理とは、核心に切り込んで言うなら、その起源は、その名辞についてハイデガーがあれほどにも思索を重ねたアレーテイア〔ἀλήθεια〕なのです。ヘブライ語のエメット〔emet〕は、真理という語のどんな使用においてもそうであるように、裁判上の起源をもっています。現代においてもまだ、証人に求められるのは、真理を、真理だけを語ること、しかもその上、できることならそのすべてを語るこ

とです——何ともはや、どうして証人にそんなことができるでしょう？　人は証人に、証人が知っていることについて真理のすべてを要請するのです。しかし、実際のところ、他のどんな証言に比べても裁判上の証言においていっそう追求されるものとは、証人の享楽をめぐる状況を判断できる手がかりです。狙いは享楽が白状されることですが、それもまさに享楽が口にすることが憚《はばか》られるものであることにおいてそうなのです。享楽を規制する法を前にして探求される真理とは、そのような真理のことです。

それにまた、カントの観点において、次のような場合に自由人がなすべきことという問題が提起されるのも、この点に関してです。自由人はそのとき、専制君主が自分と享楽を争う者になるのを恐れているその敵を告発することを条件にして、あらゆる享楽の申し出をされています。感情に類する何ものも証言を左右すべきではない、というあの至上命令から、自由人は専制君主に真理を告げるべきであり、その正直さの結果として、専制君主の手にその対抗者である敵を引き渡すことになっても仕方がない、と結論しなければならないのでしょうか？　カントの答えはこれを断定するものですが、これに対してわたしたちの誰もが抱く留保の念は、真理のすべてとは語られ得ないものであるということに由来しています。それは、真理を最後まで追いつめないことを、それを半‐語りする〔mi-dire〕ことしかしないことを条件とする以外には、語り得ないものなのです。

他にもまだ〔encore〕、真理のあり方に関して、わたしたちを束縛するものがあります。それは、享楽がひとつの限界であるということです。このことは、わたしがわたしの四つ足をあなた方のために構築したその時期に、それらが提起していた構造自体に由来しています——享楽は、ひとつの見せかけに基づかない限り、問いかけられることも、提起されることも、追跡されることも、練り上げられることもありません。

愛自体が、前回強調したように、見せかけへと向かいます。そして、〈他者〉が、前回わたしが言ったように、欲望の原因であるaに接合〔s'accoler〕しなければ到達できないということが確かなら、愛が向かうのは、いずれにせよまた見せかけの存在だということです。この存在は無ではありません。それは、aであるあの対象〔cet objet qu'est le *a*〕に想定されています。

わたしたちはここに、あの痕跡を、すなわち、このaは、それ自体として、何か想像的なものと呼応していることを認めるべきではないでしょうか。この想像的なものを、わたしははっきりと、**想像的**〔*imaginaire*〕という語からとったIで示しました。対象関係を支えているのは――これは分析による分節そのものです――たいていの場合、欲望の原因である対象を覆い包む自分の像の衣でしかありません。

aとその被覆の親和性は、精神分析によって提示された主要な継ぎ目のひとつです。これはわたしたちにとっては、精神分析が本質において導入した疑問点なのです。

現実的なものが識別されるのは、そこです。現実的なものは、形式化の袋小路による以外には登録することができません。まさにこの点において、わたしは、そのモデルを数学的形式化に基づいて、すなわち、シニフィアンによる意味生成としてわたしたちが産み出すことのできた最先端の練り上げである数学的形式化に基づいて、描くことができると考えました。この意味生成の数学的形式化は意味に反してなされます、今わたしはほとんど**反対方向**にと言うところでした。数学に関する、**それ**

[86]

〔ça〕**は何も意味しない**というのが、現代において数理哲学者たちが——もっとも、彼ら自身がラッセルのように数学者である場合もありますが——言っていることです。

とはいえ、ヘーゲルのディスクール——これは、歴史的進歩という、その実質を証明するものが何もないと言わざるを得ない観念のなかで、弁証法的に捉えられた対比の充満です——このディスクールがその先端をなすような哲学のことを思えば、数理論理学の形式化は非常によくできていて、書かれたものだけで支えられていると言えるほどですが、この形式化はわたしたちの分析のプロセスのなかで、次の点において役立つのではないでしょうか？　すなわち、個々の身体を見えない仕方で捕えているそれ〔ça〕が、そこに指し示されるのです。

もしこれについてイメージをひとつ挙げることが許されるなら、わたしは難なくそれを、自然において書かれたものが要請する面の諸々の次元へのあの還元に最も類似していると見えるもの、これにはすでにスピノザが驚嘆させられたのですが、そういうものから採ってくるでしょう——蜘蛛の腹から出てくるあのテクスト細工、蜘蛛の巣です。真に奇跡的な機能だと言うのは、見れば、この奇想天外な存在の暗い点から出現した面そのものをもって、あれらの書かれたものという痕跡が、すなわち、象徴的なものに接近しようとする現実的なものを示す諸々の限界、行き止まりの袋小路点を、そこにこそ捉えなければならないその痕跡が描き出されているからです。

まさにこの点において、わたしは a、$\not{S}$、シニフィアン、A、そしてΦのエクリチュールにたどり着いたことを無益とは思わないのです。これらのもののエクリチュールそのものがひとつの支えを構築し、この支えがパロールの彼岸に渡りますが、ランガージュの諸々の効果自体から出ることはありません。これは象徴界の中心を定めるだけの効力をもっていますが、これを使う術を知っていることが条件です。しかし、何のために使うのでしょうか？——合同の真理を確保するため、すべてであると自称する真理ではなく、半‐語り〔mi-dire〕のそれ、白状までいかないように、そうなっては最悪ですから、そうならないようにそれ自身が身構えることでそうと判明するそれ、すなわち、欲望の原因からすでに警戒し始める真理を確保するためです。

2

分析は欲望について、それがある身体的な偶然性によって登録されると推定します。

わたしがこの偶然性という語をどんな仕方で支えるのか、もう一度、あなた方に繰り返しておきます。ファルスを——分析は欲望の原因として言表されるものの究極の点としてこれに取り組みますが、そのようなファルスを——分析的経験は書かないことをやめます。わたしが偶然性と呼んだものの切っ先は、まさに、この**書かれないことをやめる**〔*cesse de ne pas s'écrire*〕に存しています。

分析的経験はそこで自分の境界に出遇いますが、それというのも、この経験が生産できるものといえば、わたしの文字式によるとS_1だけだからです。あなた方は、前回わたしがまんまと種を蒔いた噂のことを、まだ覚えておられると思いますが、わたしはこのシニフィアンS_1を、最も白痴な享楽そのもののシニフィアンとして指し示しました——語の二つの意味においてそうなのです、すなわち、まさにここではその準拠の機能をもった白痴というものの享楽であり、そしてまた最も特異な

〔singulière〕享楽です。

必然については、これは**やめない**〔*ne cesse pas*〕によって導入されます。必然の**やめない**とは、**書かれることをやめない**〔*ne cesse pas de s'écrire*〕ということです。ファルスへの準拠の分析が外見上わたしたちを導いてゆくのが、まさにこの必然性なのです。

[87]

これに対して、**書かれないことをやめない**〔*ne cesse pas de ne pas s'écrire*〕というのは、どんな場合にも決して書かれ得ないということによってわたしが定義するとおりの不可能のことであり、まさにこれによって、わたしは性的関係のあり方を指し示します――性的関係は書かれないことをやめないのです。

このことから、ファルス機能のうわべの必然性が偶然性にすぎないことがあらわになります。この機能が書かれないことをやめるのは、偶然の様相としてです。偶然性とは、話す存在に対して性的関係を出遇いの体制でしかないように規制するものが、そこに要約されているもののことです。精神分析によって、古代にはもっぱら〈秘儀〉に属するものとされていたファルスが書かれないことをやめたのは、偶然性としてでしかありません。それ以上の何ものでもありません。ファルスは、**やめない**〔*ne cesse pas*〕のなか、すなわち、一方では必然性が、そしてさらに遡れば不可能性が依存している領野のなかには入っていないのです。

真は、したがって、ここで次のことを証言しています、すなわち、真はそれなりの仕方で想像的なものに抗して警告しますが、それほどに、真は**a－ナトミー**〔*a-natomie*（**解剖学的事実**）〕と大いに関係があるということです。

これら三つの用語、すなわち、わたしがa、$S(\cancel{A})$、そしてΦによって登録する用語をわたしがもたらしたのは、結局のところ、格下げの観点からです。それらは、〈想像界〉、〈象徴界〉、そして〈現実界〉から構成される、この三角形の上に登録されます。

右側にはわずかな現実があり、これに支えられたあの快楽原則のせいで、わたしたちに接近できる現実のすべてが幻想のなかに根を下ろしたままになります。

他方、$S(\cancel{A})$は、これは、わたしが先ほど話した、真のすべてを語ることの不可能性以外の何でしょうか?

そして最後に、象徴的なものが、現実的なものに向かうことで、わたしたちに対象aの真の本性を明示してくれます。わたしが先ほどこの対象aを見せかけの存在と呼んだのは、これがわたしたちに存在の支えを与えるかに見えるからです。例えばアリストテレスでは、存在、さらには本質についてて練り上げられたすべてにおいて、これを分析的経験に基づいて読むなら、問題にされているのは対象aであることが、わたしたちには分かります。アリストテレスの言う観照を例にとれば、これは視線の事実、すなわち、わたしが『精神分析の四つの基本概念』で欲望の原因をなす四つの支えのひとつとして定義したとおりの、あの視線の事実なのです。

このような図式化を介して――グラフの話はしないことにして、というのもグラフというのは数理論理学において明確な意味をもつ用語ですから――複数の対応が明らかになり、これらの対応によって現実界が、象徴界に起因する見せかけと、そして現実との間で、ひとつの開口部になるのですが、その現実について言えば、それが支えられているのは、人間生活の具体性のなかでのこと――男たちを御するもののなか、いつも同じ道を介して彼らを突進させるもののなか、すなわち、またしても－生まれる－べき〔l'encore-à-naître〕がまたしても**角で突かれた**〔*l'encorné*〕によるのでなければ決して何ももたらさないように仕向けているもののなかでのことなのです。

他方の側は *a* です。この *a* は、結局は正しいと言うべき道にあることによって、わたしたちにこれが存在だと捉えるように仕向けることになるのでしょうが、その際の名目は、これが一見したところ、まさに大したものだということです。しかし、この *a* が解消するためには、結局、その挫折を、すなわち現実界への接近において支えられなくなることをまたなければなりません。

［88］

では、真はといえば、もちろん、それはそのことなのです。ただし、それはねじれた道を介してでなければ決して到達されない、という点は別です。真に訴えかけるということは、わたしたちがふだんからそれへと促されていることですが、それは、単純に、間違えてはならない、自分はすでに見せかけのなかにいるとさえ信じてはならないと思い起こさせることです。確かに、すべてが見せかけに支えられて幻想のなかに飛び込んでいきますが、この見せかけより前に、想像的なものと現実的なものを厳格に区別しておく必要があります。見せかけを支えるのは、どんな仕方であれ、わたしたち自身であるなどと信じてはいけません。わたしたちは見せかけですらないのです。わたしたちは、その際、それの場所を占めることができるものとなるのです。そうして、そこに何が支配するようにできるのでしょうか？——対象 *a* です。

分析家とは、実際、目下維持されているあらゆる種類のディスクールについて——この語は、わたしたちが **acte**〔行為、現実態〕という語に、そのアリストテレス的な全幅の意味を与えるなら、それなりの重要性を帯びるものです――対象aを見せかけの場に置くことによって、それをするのが正当であることをするのに、すなわち、知のあり方に問いかけるかのようにして真理のあり方に問いかけるのに、最もふさわしいポジションにある者です。

3

知とは何でしょうか？　奇想天外なことに、デカルト以前には、知について問われたためしがありません。この問いが刷新されるためには分析をまたなければなりませんでした。

分析が到来し、わたしたちに告知したのは、知られない知、シニフィアンそのものによって支えられた知があるということでした。夢は、それ〔ça〕は、どんな底知れぬ経験にも、どんな神秘学にも招き入れておらず、それ〔ça〕はそれについて語られたことのなかに読まれ、そして、その多義的な表現をこのことばの最もアナグラム的な意味で捉えることによって、もっと先に進むことができるだろう、ということだったのです。まさにランガージュのこの点において、ソシュールは諷刺詩句のなかにきわめて奇想天外な書かれたものの句読法を見つけ出し、これは意図されたものなのか否かという問いを自らに課しました。まさにこの点で、ソシュールはフロイトをまつのです。そしてまた、まさにこの点で、知についての問いが刷新されるのです。

ここで、まったく異なる登録簿、すなわち、キリスト教によって創始された徳のそれから拝借することを許していただけるなら、そこには愛徳の一種の遅延効果、ひこばえがあります。これはフロイトにおける愛徳ではないでしょうか、つまり、話す存在たちの悲惨に対して次のように自らに言うことができるようにしてやったことです、すなわち――無意識があるのだから――超越する、真に超越する何かがあるのだと、そしてその何かとは、この種が棲みつくもの、すなわちランガージュ以外の何ものでもないのだと。愛徳でしょう、この種に対して次のような知らせを告知するのは。すなわち、その日々の生活において、この種は、ランガージュによって、それまで思われていた以上の理性による支えを得ているのだと、そしてまた、英知という、追求する甲斐もない到達不能の対象はとうにここにあるのだと。

こういった迂回をすべてしなければ、知についての問いを次のような形のもとに立てることはできないのでしょうか――**何が知っているのか**〔*qu'est-ce qui sait?*〕、と。人はそれは〈他者〉であると気づいているでしょうか？――そもそものはじめに、わたしが定立したとおりの、シニフィアンが定立される場処〔lieu〕としての〈他者〉です。そして、この〈他者〉がなければ、どこにも真理の次元があるとは、何ものもわたしたちに教えてくれはしないのです。真理の次元とはひとつの**辞－言**〔*une dimension*（**辞－マンション**）〕のこと、すなわち、知は語られたもの〔le dit〕の場処として〈他者〉を定立しますが、その語られたもの〔語られるもの〕の館《やかた》のことです。知がすでにある、それも〈他者〉のなかにあるということ、そしてまた、それが捉えるべきものであるということは、知の身分規定そのものに含まれています。知が**学び取る**ものであるのは、そのためです。

[89]

主体は、それが、この知が学び取られなければならないことから帰結しますが、その際には、さらに、この知に価格がつけられなければなりません。つまり、その代価こそが、この知を、交換についてではなく、使用について、価値評価するのです。知は、まさにそれにかかるだけの、すなわち**大変な代価**〔*beau-coût*〕の分だけの価値をもちますが、それは、主体がそれに命をかけなければならないことに、すなわち、何かが困難であることによります。何が困難なのでしょうか？――この知を獲得することよりも、それを享楽することがです。

その享楽することにおいて、この知の征服は、知が行使されるたびに更新されますが、知が与える力は、相変わらず知の享楽へと回し向けられたままなのです。

奇想天外なことに、次のことがかつて浮き彫りにされたためしはありません、すなわち、知の行使の困難こそ、その獲得をさらに困難にしているものであり、知の意味〔sens（官能）〕は全面的にこの点にある、ということです。これは次のことに由来します。すなわち、この獲得の行使のたびに、それらの反復のうちのどれが、学び取られたもののなかに、最初のものとして定立されるべきなのかは問題にならないということが反復されている、ということです。

もちろん、走り回るものであり、また、ちょっとした機械のように作動する外観を申し分なく備えたものはあります――それ〔ça〕はコンピューターと呼ばれています。コンピューターが思考するというのは、これはまあ、そうかもしれません。しかし、コンピューターは知っているとなると、そう主張する人がいるでしょうか？　というのも、ひとつの知の樹立とは、その行使の享楽がその獲得のそれと同じものであるということだからです。

ここで確実に、マルクス自身における以上に確実に出遇うのが、使用価値のあり方です。なぜなら、いずれにしてもマルクスにおいては、使用価値は、交換価値に対して、すべてがそこに要約される理想点になっているだけだからです。

この、交換に立脚するのではない学び取られるものの話をしましょう。政治におけるマルクスの知について――これは相当なものですが――人は、こう言ってよければ、この知の**コマルクス**〔*commarxe*（**マルクス商取引**）〕をするわけではありません。それは、フロイト〔Freud〕の知によって不正行為〔fraude〕ができないのと同様です。

視るだけでよいのです、そうすれば分かる〔voir（見える）〕でしょう、あれらの知が再び見出せないあらゆる場において、それらをつらい経験を介して身のうち深くに入り込ませたその報い〔ça（それ）〕がにべもなくやって来ることが。それ〔ça〕は持ち込みも持ち出しもされません。使用において形相化されたものを尺度にするのでなければ、情報〔information（形相を与えること）〕は成立しません。

こうして、次の事実が結論されます。すなわち、知は〈他者〉のなかに在るということ、知は、存在が知の文字を運び伝えてきたということを除けば、存在に何も負いはしないということです。そこから帰結するのは、文字が再生する場所において、といっても、文字は決して同じものを、同じ知存在を再生することはありませんが、その場所において、存在は殺すこと〔tuer（tu es と同音）〕ができるということです。

あなた方はここで、知に関して、わたしが文字に与えている機能を感じ取っておられることと思います。まさにその機能について、わたしはあなた方に、あまりに早まって、いわゆるメッセージの側にスリップしないよう、お願いしているのです。まさにこの機能によって文字は生殖細胞に類似したものになりますが、この生殖細胞とは、わたしたちが分子生理学の筋道に従うなら、身体から厳格に分離しなければならないものであり、身体に対して生と死を同時に運び伝えるものです。

マルクスとレーニン、フロイトとラカンは、存在において対になっているのではありません。彼らは、まさに彼らが〈他者〉のなかに発見した文字を介してこそ、知としての存在として、ひとつの想定された〈知〉に関して、〈他者〉において二人ずつ、ことにあたっているのです。彼らの知の新機軸とは、それ〔知〕に関して、〈他者〉がそれ〔知〕について何にせよ知っているとは想定されていない、ということです——もちろん、これは〔〈他者〉がそうだというのであって〕、そこ〔〈他者〉〕に文字をなした存在のことではありません——なぜなら、まさに〈他者〉によってこそ、存在は自分を犠牲にして、自分の存在を代価にして、文字をなしたからです。ただ、この犠牲と代価にされた存在は、いやはや、真実を言えば、彼らの各々にとってはどうでもよいものではないけれども、しかし非常に大切なものというわけでもありません。

[90]

文字がそこから形成されたこれらの存在ですが、わたしは彼らについて、あなた方にちょっとした打ち明け話をしましょう。例えばレーニンについて人が語り得たことのすべて〔tout ce〕があったにもかかわらず、わたしは、憎しみも、愛も、すなわち憎愛作用〔hainamoration〕が、存在のうちの何ものをも本当に押し殺したりはしていなかったなどとは思っていません。フロイト夫人に関する話を引き合いに出されませんように！　その点については、わたしにはユングの証言があります。彼は真実を語っていました。それが、しかも彼の間違いだったのです——彼はそれ〔ça〕しか語らなかったのです。

こういった種類の存在廃棄をすることに、またしても〔encore〕うまくこぎつける者たちとは、むしろ無頓着の性質を備えている者たちです。今日、わたしは遊び気分ですから、今回はあなた方にこれを**méprix**〔無価値、無価格〕と書いていただきましょう。それ〔ça〕は**単一価格**〔*uniprix*〕なのです。わたしたちは**スーパーマーケット**の時代にいます。ですから、人に何が、それも存在の代わりに生産できるのかを知らなければなりません。

厄介なことに、〈他者〉は場処であって、何も知らないのです。もし神自身が何も知らない、特に起きた出来事について何も知らないのなら、人はもう神を憎むことはできません。人が神を憎むことができていたときには、人は神がわたしたちを愛してくれていると信じることができました。というのも、神はそのお返しにわたしたちを憎んだりはしなかったからです。ある場合には、せいいっぱい憎んだにもかかわらず、お返しは明白ではなかったのです。

最後に、わたしがあなた方の前で敢えて続けてきたこれらのディスクールも終わりにさしかかっていますので、この間わたしに湧いてきて、わたしもほんの少しだけ熟慮してみたある考えを、あなた方に語っておきたいと思います。人はキリストの災難を人間たちの救済という観念で説明するものですが、わたしはむしろ、ことは神の救済だったと思うのです。つまり、この神への憎しみ〔haine de Dieu（神の憎しみ）〕に関して、わたしたちは、もっともなことながら、どちらかと言えば弱腰であるわけですが、この憎しみに存在感あるいは現実性を少しばかり取り戻させることだったのだ、と。

わたしが、無意識の分与は驚くべき愛徳の事実だと言うのは、その点についてなのです。彼らは知っているのです、知っているのです、主体たちは。しかし、いずれにしても結局、彼らはすべては知らないのです。このすべて－ではない〔pas-tout〕の水準において、知らないのはもはや〈他者〉しかありません。まさしく、〈他者〉がこのすべて－ではないのなかのまったく－知ら－ない－者〔pas-savant-du-tout〕という領分であるという点において、〈他者〉こそが〈すべて－ではない〉をなしています。

そこで、一時的にではありますが、この〈他者〉に次のことの責任を負わせると便利かもしれません。分析は、誰もそれに気づかないことを別にすれば、この上なく公然たる仕方でこのことに帰着します――もしリビドーには男のものしかないとすれば、まさに、親愛なる女がすべてである場所からしか、すなわち、男が彼女をそこから見る場所、ただただそこからしか親愛なる女は無意識をもつことができない、ということです。

それにしても、それ〔ça〕は女にとって何の役に立つのでしょうか？　それは女にとって、誰もが知るように、話す存在に、つまりここでは限定的に男に話をさせることに、つまり――あなた方が分析理論のなかでちゃんとそれに気づかれたかどうか、わたしには分かりませんが――母としてのみ存在することに役立っているのです。女は無意識の諸々の効果をもっていますが、しかしその女独自の無意識とは――女が皆の無意識に責任があるわけではなくなる限界において、すなわち、女が関係をもっている〈他者〉である大文字の〈他者〉はその実在を維持することが非常に困難であるだけになおさら知らないのですが、その〈他者〉が女が何も知らないことの原因になるという点において――この無意識について、何と言うべきでしょうか？――それは女の立場を有利にしてくれるものではないと、フロイトとともに言うしかないのです。

[91]　前回わたしは、敢えてしていることですが、**彼は憎む**〔*il hait*〕と**彼は存在する**〔*il est*〕という多少強

引な両義性を利用しました。この両義性が鋏《はさみ》に値するという点を問題にするのでなければ、わたしはこれを享楽することはありません。これはまさに、去勢において問題になることなのです。

存在そのものが憎しみを惹起するというのは、論外なことではありません。確かに、アリストテレスの問題は、その全体が、それとは逆に、存在というものを、より存在でない存在が、それを介して諸々の存在のうちの至高のものを分有するという、そういうものとして着想することでした。それに、聖トマスはそれ〔ça〕をキリスト教の伝統のなかに改めて導入することに成功しました――このことは驚くにはあたりません、というのも、キリスト教の伝統は異教徒たちの間に普及したために、彼らに合わせて全面的に自分を鍛錬することを余儀なくされていたからであり、その結果、それ〔ça〕がまた動き出すためには、糸を引いてやるだけでよかったのです。しかし、ユダヤの伝統においてはすべてがこの点については逆であることに人は気づいているでしょうか？　切断は、そこでは最も完全なものから最も完全でないものへと移行するのではありません。最も完全でないものとは、そこではごく単純に、そのとおりのもの、つまり、根源的に不完全であり、ヤハヴェという名、あるいはこれをめぐるいくつかの他の名をもつ者の、敢えてこう言うなら、まったく言いなりになる以外にないのです。この者は自分の民を選んだのであり、それに逆らうのは無駄なことなのです。

そうする方が、この者を**存在として憎む**〔*être-haïr*〕よりも、つまり、場合によっては裏切る〔trahir〕ことになるよりもよほどましだということが、そこにあらわになっているのではないでしょうか。そして、それが、まったく当然にもユダヤ人たちが進んでしたことなのです。彼らには、この困難を切り抜ける他の方法はありませんでした。

わたしたちは、この憎しみの主体について、あまりに抑えられた状態にいるので誰も気づきませんが、憎しみ、強固な憎しみ、それ〔ça〕は存在に、必ずしも神というわけではない何者かの存在そのものに差し向けられています。

人は歩みを留めてしまうのです――そして、わたしが *a* は見せかけの存在だと言ったのは、まさにこの点においてなのです――あの概念に――そして、この点において、分析はいつものことながら、少々跛行気味なのです――嫉妬深い憎しみという概念に、すなわち、**享楽への嫉妬**〔*jalouissance*〕から沸き上がる憎しみ、坊やを観察している聖アウグスティヌスの著述において、視線から**憎むべき享楽の像と化して沸き上がってくる**〔*s'imageaillisse*〕憎しみの、その概念に留まっているのです。アウグスティヌスは、第三者としてその場にいます。彼はその坊やを観察しており、そして坊やは**パリドゥス**〔*pallidus*〕、青ざめて、**その乳兄弟**〔*conlactaneum suum*〕が乳房にぶら下がっているのを凝視しています。幸いにも、それはフロイトの言表に言うところの最初の代理享楽のことです。すなわち、換喩は〈他者〉に差し向けられたものと想定される要求によって登録されますが、その換喩によって喚起された欲望のこと、『精神分析の倫理』というセミネールでわたしが〈**もの**〉〔*Ding*〕と呼んだものの、つまりフロイト的〈もの〉〔Chose freudienne〕の、言い換えれば、フロイトがある限界を越えて愛することを拒絶する隣人そのものの、あの核によって喚起された欲望のことなのです。

視られた子供の方は、それをもっている、*a* をもっているのです。*a* をもつこととは、それで在ることでしょうか？　今日のところは、この問いの上にあなた方を残して終わることにします。

一九七三年三月二十日

補　足

[92]

後続回の冒頭：言語学者の立ち位置

わたしが新刊の話をすることは、それがわたしのものである場合にはめったにありません。一般に、関心がわたしにとってそこから距離をとるまで、その話をするのを十分に待たなければならないだけに、なおさらそうです。しかしながら、次回のためにあなた方がわたしの「レトゥルディ」〔*L'Étourdit*〕と題したものを読んでおくのは悪いことではないでしょう。これは語りから語られたことまでの距離から発したものです。

存在は語られたことのなかにしかない、という問題は棚上げにしておきましょう。語られたことには存在によるものしかないというのは確かですが、このことがその逆命題を強要するわけではありません。逆に、わたしの語りであるものとは、無意識には語られたことによるものしかない、ということです。わたしたちは無意識を、語られたことに、つまり分析主体によって語られたことに基づいてしか取り扱うことができません。それ〔ça〕は、ひとつの語りなのです。

どのように語ればよいでしょう？　それこそが問題なのです。どのようにでも語れるというわけではありませんし、それに、これはランガージュに棲む者の、つまり、わたしたち全員の問題なのです。

まさにそういうわけで、今日は――先日わたしが言語学から、わたしがここでしていることを、すなわちランギュイストゥリー〔linguisterie〕を区別することで表現しようとした、あの裂け目について――わたしはある人にお願いして、この人は大変ありがたいことにそれを聞き入れてくれたのですが、今日ここであなた方に言語学者の立ち位置について現在の状況を語ってもらうことにしました。わたしが紹介するこの人以上にその資格を備えた人はいません、言語学者のジャン＝クロード・ミルネール〔Jean-Claude Milner〕です。

発表の終わり：謝辞

残りの一五分でわたしに何ができるのか、わたしには分かりません。ある倫理的な概念を頼りに進むことにします。倫理は――かつてわたしがそれについて話すのを聞いた人たちがおそらく垣間見ることができるように――わたしたちのランガージュへの居住とこの上もなく大きな関係をもっていますが、それはまた――ある著者によって、この人に言及するのはまた次の機会にしますが、その人によって先鞭がつけられたように――身ぶりの種類に属することでもあります。人がランガージュに住んでいると、人がするさまざまな身ぶりというものがあります。儀礼の身ぶり、場合によっては跪拝《きはい》のそれ、また、問題が別の消失点、つまり美である場合には感嘆のそれです。このことは、それ〔ça〕がその彼方には行かないということを含意しています。人はある身ぶりをし、そのあとは、皆のように、つまり他のごろつきたちのように振る舞うのです。

とはいっても、身ぶりには諸種あります。そして、この倫理への準拠によって文字どおりわたしに最初に命じられる身ぶりは、ジャン＝クロード・ミルネールに対して、言語学そのもののなかに開いた亀裂という目下の問題について、彼がわたしたちに示してくれたもののことを感謝するという身ぶりでなければなりません。それがおそらく正当化してくれるのは、わたしたちのいくつかの振る舞いですが、この振る舞いをわたしたちが得られたのは、おそらく――これはわたしのことなのですが――ひとえにある種の距離のおかげ、すなわち、この台頭しつつある学問がそれになれると、科学になれると信じていた頃に、わたしたちがそれからとっていた、ある種の距離のおかげなのです。今わたしたちが掌中にしている情報が、わたしたちにとって緊急性を帯びたものだったことは確かです。実際のところ、分析技術に関することとして、わたしたちの前にいる主体が何も語らないのであれば、その際の困難が、少なくとも、まったく特殊だと言えるものであることは、やはり気づかないわけには到底いかないからです。

[93]

わたしが**ララング**〔*lalangue*〕と一語にして書くことで提起したものとは、まさに、それによってわたしがランガージュを記号学に統合する限りでの構造主義から自らを区別するものでした――そして、その点がジャン＝クロード・ミルネールが投げかけた数々の照明のうちのひとつだと、わたしには思われます。あなた方に読むように勧めた『文字の資格』というタイトルの小冊子が指摘するように、わたしが主張してきたすべてにおいて問題になっているのは、シニフィアンに関する記号《シーニュ》のひとつの従属性なのです。

わたしはまた、ルカナティ〔Recanati〕に賛辞を呈する時間をとらなければなりません。彼は、その発表において、わたしがしっかり聞かれていることを、わたしに間違いなく証明してくれました。それは彼が提示した最先端の諸問題のすべてにおいて確認できることですが、それらの問題は、いわばわたしがそのなかで、この年度の終盤にあたって、もっているものを今すぐにでも回答としてあなた方に提供しなければならない、そういう問題です。彼が発表をキルケゴールとレギーネの問題で終えたのは文句なしに模範的です――わたしはそれまで、それには簡潔な暗示しかしていなかったのですから、この点はまさに彼の独創です。わたしがあなた方の前で行っているこの疎通の現地点において、問題が何であるのかを何者かが捉えているということに他ならない共鳴効果を、これ以上見事に例証することはできません。彼がわたしに提示してくれた諸問題は、引き続きわたしがあなた方に語るべきことにおいて、間違いなく手助けになることでしょう。わたしは彼からテクストを譲り受け、それらに答えられる機会があれば、それを参照しようと思います。

彼はまたバークリーも参照していますが、わたしがあなた方の前で言明したことのなかにはそれを指示するものはまったくなかったわけですから、まさにこの点でも、わたしは彼にさらに感謝する次第です。ありていに言うと、わたしはごく最近、念のため初版を手に入れることさえしました――実は、わたしは稀覯本愛書家なのです。でも、わたしは自分が読みたい本だけを初版で手に入れようと努めます。わたしはこの機会に、先の日曜日のことですが、あの *Minute philosopher* を、**アルシフロ**

ン〔*Alciphron*〕とも呼ばれている、あの小哲学者〔menu philosophe〕を見直してみました。確実なのは、もしバークリーがわたしの最も古い糧《かて》になかったとしたら、言語学の諸々の出典をわたしが気兼ねなく利用することも含めて、おそらく多くのことができなかっただろうということです。

いずれにしても、やはりわたしは、先ほどルカナティが消さざるを得なかった図表に関して、あることを言っておきたいと思います。これこそが真に問題なのです――ヒステリーであるか否か、ということです。そういうものが〈一〉つ在るのか否か？　言い換えれば、このすべて－ではない〔ce pas-toute〕は、ある論理学、すなわち古典論理学では、例外をなす〈一〉の実在を含むように見えるのです。そこから、まさにその点において、わたしたちはこの実在の、この少なく－とも－ひとつの－実在〔au-moins-une existence〕の、入れ子構造における出現を――わたしがなぜそれをこのように呼ぶのか、いずれ分かります――見ることになるのでしょうが、この少なく－とも－ひとつの－実在は、関数Φxの観点から言えば、人がそれを語るために登録されるのです。というのも、先ほど言ったことで[94]すが、語られたものの本義とは存在のことだからです。しかし、語りの本義は、語られたもの――どのようなものであれ――に対して実在することです。

そうすると問題は、自ずから、ひとつのすべて－ではない〔pas-tout〕から、つまり普遍に対するひとつの異議から、そのような普遍に矛盾する特殊性として言明されることになるものが結果として生じるか否か、ということになります――ご覧のように、ここでわたしはアリストテレス論理学の水準に留まっています。

ただ、しかし、ことはこうなのです。**すべて－ではないxはΦxのなかに登録されない**〔*pas-tout x ne*

s'inscrit dans Φx〕と書くことができるものから、含意の理屈によって、それ〔Φx〕に矛盾するひとつのxが在る〔il y a un x qui y contredit〕、が演繹されるということです。これが真になるには、ひとつだけ条件があります。つまり、問題の、すべて〔le tout〕か、すべて－ではない〔le pas-tout〕か、において問題にされているのが有限であるということです。有限に属するものに関しては、含意だけでなく、同値もあります。普遍化命題式〔la formule universalisante（全称化命題式）〕に矛盾するものがひとつあるだけで、わたしたちはこれを廃すると同時に特殊命題式〔particulière〕に変換しなければなりません。このすべて－ではないは、アリストテレス論理学で特殊と言明されるものと同値のものになるのです。例外があります。つまり、わたしたちはこれとは逆に、無限と関わることもあり得るのです。そうなると、わたしたちがすべて－ではない〔pas-toute〕を捉えなければならないのは、もはや外延の側ではなくなります。わたしが、女はすべて－ではない〔pas-toute〕のであり、そのためにわたしは**女**と言うことができないと言うときには、それはまさに、わたしがΦxの関数のなかで供されるすべてのものから見て無限の次元に属する享楽を問題にしているということです。

ところで、ひとつの無限集合を相手にするや否や、あなた方はもう、すべて－ではない〔pas-tout〕が、ひとつの否定やひとつの矛盾から生じる何かの実在を含んでいると措定することはできなくなります。厳密に言えば、不確定な実在のことだとするなら、そう措定できます。ただし、数理論理学の拡張、正確に言えば直観主義と呼ばれるそれによって知られていることですが、《実在する》〔« il existe »〕を措定するためには、これを構築することもまたできなくてはならない、つまり、その実在がどこにあるのかを見出す術を知っているのでなければならないのです。

まさにこの点を立脚点として、わたしは、この四分割を、すなわち、ルカナティがひとつの実在のことを真理に対して離心的であると見事に形容しましたが、その実在を措定するこの四分割を産み出します。この不確定という宙吊りが位置づけられるのは、$\exists x$ と $\overline{\exists x}$ の間、すなわち、レギーネの例が確証しているように、肯定されることをもって比喩として見つけ出されるひとつの実在と、比喩として見つけ出されない限りにおける女の間なのです。

終わるにあたって、あなた方にあることを、わたしの様式によるほんのちょっとした謎になることを言っておきましょう。もし、あなた方がどこかで、あの、わたしが『フロイト的もの』〔*la Chose freudienne*〕という名の下に書いたこのものを読み直すことがあるなら、そこに次のことを聞き取ってください。すなわち、*la*を斜線で抹消する必要なしに**女**を書くことができる方法はひとつしかない、ということです——その水準では、女とは真理のことです。そして、まさにそのせいで、人は女について半‐語りする〔mi-dire〕ことしかできないのです。

J＝C・ミルネールの発表については、その基となる論文を以下の氏の著書で読むことができる。『言語学的論考』〔*Arguments linguistiques*〕一七九—二一七頁、パリ、一九七三年。

一九七三年四月十日

[95]

IX バロックについて

それ〔*ça*〕が話すところで、それ〔*ça*〕は享楽する、
そして、それ〔*ça*〕は何も知らない。

わたしはあなた方について考えています〔je pense à vous〕。それ〔ça〕は、わたしがあなた方のことを考えている〔je vous pense〕ということではありません。

ここにはおそらく覚えている人もいるでしょうが、わたしはある言語の話をしたことがあります。その言語では、こんなふうに言うのです――**わたしはあなたについて愛しています**、と。この点において、この言語は他の言語と比べて、愛と呼ばれるあの侵襲の間接的な性格に、よりうまくその形を合わせているのでしょう。

わたしはあなた方について考えています、これだけでもう立派に、科学のある種の考え方のなかの**人文科学**と呼ばれ得るすべてに対して異議を申し立てることになります。科学の発想といっても、たかだか数世紀前から形成されてきているあの科学ではなく、アリストテレスに依拠してある種の仕方で定義された科学のことです。このことから帰結するのは、わたしたちのそれであるこの新しい科学はいったいどのような道を通ってやって来たのかを、分析的ディスクールがわたしたちにもたらしたものの原理に基づいて自問しなければならない、ということです。

それに伴って、まず、どこから出発するのかを、わたしは定式化しなければなりません。わたしたちはどこから出発するのか、それは、分析的ディスクールがわたしたちにもたらしたものから、すなわち無意識からです。そういうわけで、わたしはあなた方のために、まず伝統的科学から見た場合の無意識のありように関して、少しばかり厳密ないくつかの定式に磨きをかけようと思います。そのためには、わたしたちは次のような問いを自らに課さなければなりません――無意識についてこれだけ人が語ることができるというのに、どうしてひとつの科学がさらに〔encore〕可能なのか？

先にあなた方に知らせておきますが、どれほど意外に見えようとも、この問題を扱うことで、今日わたしはキリスト教について話すことになります。

1

わたしの難解な、あるいは難解に違いないとわたしが想定する定式から始めます――伝統的な科学で語られていることは存在の思考を含意しますが、**無意識とは、存在が思考するということではない**――**無意識とは、存在が話しながら享楽しているだけであり**、これに加えて、**それについて何も知ろ**

[96]

うとしないことである。これが意味するところを付け加えると——**すべてについてまったく何も知らない**ということです。

あなた方を少し焦《じ》らせておいても構わないのですが、手っ取り早く手の内をひとつ見せると——フロイトがどこかで指摘しているあの例のWissentrieb、**知りたいという欲望はない**ということです。

ここでフロイトは矛盾したことを言っています。何を見ても明らかなのは——ここに無意識の意味があるのですが——人間は知るべきことをすでにすべて知っているだけでなく、人間が話すことによって形成されるこの不十分な享楽にこの知が完璧に制限されているということです。

お分かりのように、このことは、わたしたちがひとつの物理学という名の下にまさに手に入れている、あの実効的な科学のあり方について、ひとつの問いを含んでいます。この新しい科学は、どういう点で現実的なものに関わるのでしょうか？　アリストテレスの思想に由来することから伝統的とわたしが呼ぶ科学の誤りは、思考されたものが思考のイメージに充てられていること、すなわち、存在が思考するということが含まれていることです。

あなた方にとって身近な例に訴えるなら、わたしが挙げるのは、いわゆる**人間関係**〔*rapports humains*〕を耐えられるものにしているのは、それらの関係のことを考えることではない、ということです。

行動主義〔*behaviourism*〕と滑稽な呼び方をされているものが、結局のところ、その基礎としているのは、その点なのです——行動は、その言うところによれば、その目的によって解明されるような仕方で観察できるものです。まさにこの点を基礎にして——そこにはどの主体についてもその意図は想定されていないのだから——人文科学を樹立することができると、すべての行動を包み込むことができると期待されたのです。この行動の対象になるものとして措定された究極的なひとつの目的によってそれができるというわけですが、この対象は固有の制御作用をもっているのですから、これを神経系のなかに想像することほど、たやすいことはありません。

厄介なことといえば、行動主義は、魂について哲学的、アリストテレス的に練り上げられたものすべてをそのなかに注入しているだけで、それ以上のことは何もしていないのです。何も変わっていません。それ〔ça〕が直に分かるのは、**行動主義**は、わたしの知る限り、倫理に関して、すなわち、精神的な諸々の習慣に、**基礎 - 精神的**〔*fonda-mentale*〕習慣に関して、注目を浴びるようなどんな転覆も起こさなかったという点です。人間は、ひとつの対象にすぎないので、ひとつの目的に役立っているというわけです。人間が自分自身を根拠づけるのは——人が人間についてどう考えようと、行き着くのはいつもそこです——自分自身の目的因に拠るのだと、すなわち、この場合、生きること、あるいはもっと正確に言えば、生き延びること、つまり、死の期限を引き延ばし、ライバルを支配するという目的因に拠るのだというわけです。

明らかなのは、世界についてのひとつのこのような概念、いわゆる**世界観**〔*Weltanschauung*〕に暗々裏に含まれる思考の数はまさに無数であるということです。問題になるのはいつも、思考と思考されたものの等価性なのです。

伝統的科学の思考様式として最も確実なものとは、いわゆるその古典主義です——この古典主義というのは、すなわち、階梯によるアリストテレス的世界のこと、つまり、類〔le genre〕と種〔l'espèce〕、

[97]

換言すれば、種化されたものと見なされた個体によるそれのことです。それはまた、そこから帰結する感性論〔l'esthétique（美学）〕であり、また、それによって秩序づけられる倫理〔l'éthique〕です。この倫理をわたしは簡単な仕方で形容しようと思いますが、あまりに簡単な仕方なので、あなた方はさぞやお怒りになるかもしれません。この表現はここにぴったりですが、あまりに理解をお急ぎになるなら、それは間違いです——**思考は男根の側であり、そして思考されたものはその反対側である**、これは、男根〔le manche〕とはパロールのことである、ということによって読まれるものです——男根だけが説明をし、そして満足させるのです。

この点において、**行動主義**は古典的なものから脱していません。それは、**語られた - 男根**〔*dit-manche*〕——クノー〔Queneau〕が言うように、人生の日曜日〔le Dimanche de la vie〕ですが、同時にまた、男根における愚鈍化である存在を暴露してもいます。

一見しただけでは明白ではありません。しかし、わたしがそれについて指摘したいのは、この『日曜日』がある人によって読まれ、承認されたということです。この人は思考の歴史に精通していた人で、その名はコジェーヴ〔Kojève〕ですが、彼はそこに、まさにヘーゲルによってわたしたちに約束されたとおりの絶対知を認めていました。

2

最近ある人が看破したように、わたしが与《くみ》する〔je me range〕のは——誰がわたしを分類するのでしょうか？〔qui me range?〕　このある人でしょうか、それともわたしでしょうか？　ララングの微妙なところです——わたしが与するのは、どちらかといえば、バロックの側です。

これは芸術史から借用してきた、ひとつのピン留めです。芸術の歴史というのは、歴史や芸術とまったく同様に、男根〔le manche〕の問題ではなく、袖《そで》〔la manche〕の問題、つまり、手品の問題なので、先を続ける前に、わたしがそれで何を言おうとしているのかを語らなければなりません——この**わたしは言おうとする**の主語**わたし**は、**わたしは与する**の場合と同様に、能動的ではありません。

そして、これがわたしをキリスト教の歴史のなかに没入させることになります。あなた方は予測していなかったでしょう？

バロックの始まりは、キリストの小物語、つまり逸話です。わたしが言うのは、ひとりの男の物語が叙述するもの、という意味です。驚かないでください、彼自身が自らを〈人の子〉〔le Fils de l'Homme〕と指し示しているのですから。これを物語っているのは福音書と呼ばれている四つの経典ですが、そう呼ばれているのは、それが善い知らせだからというより、その告知者たちが彼ら独自の種類の知らせをするのにちょうど善いからです。それ〔ça〕はそ〔ça〕のようにも聞き取られ得るものですし、それに、そ〔ça〕の方が適切だとわたしには思われます。彼らの書き方では、異論をそこで申し立てることのできない事実などひとつもありません——天性のままに彼らがムレータ〔闘牛士が牛を挑発するために用いる赤い布〕のなかに突っ込んだことは、神も知るとおり、間違いのないことです。それでもやはり、これらの経典が真理の核心に、つまり、人はそれを半分しか語り得ないという、わたしが言明する事実に達するほど、真理そのものの核心に至っていることに変わりはありません。

これは、ひとつの単なる指標です。わたしがこれらの経典を取り上げ、そうしてあなた方に〈四福音書〉〔les Évangiles〕についての講義をするのも、その途方もない成功が伴う当然の結果と言えるでしょう。それ〔ça〕がわたしたちをどこに引き連れていくことになるのか、お分かりでしょう。

こういったことは、あなた方に次のことを示すためです。すなわち、これらの福音書が間近から究明されるとすれば、それは、わたしが分析の実践から取り出そうと努めたカテゴリー、その名を挙げれば、象徴的なもの、想像的なもの、そして現実的なものというカテゴリーの、その照明による他はないということです。

第一のカテゴリーに限って言えば、わたしが言明したのは、真理とは**辞-言**〔*dit-mension*（**辞-マンション**）〕のこと、語られたものの館《やかた》のことだということです。

この類《たぐ》いのものとしては、四福音書は、これ以上善く語ることは人にはできない、というものです。真理について、これ以上善く語ることはできません。これらが福音書であるということは、まさにこのことから帰結します。そればかりか、人は真理の次元をこれ以上善く作動させることも、すなわち、現実を幻想のなかへとこれ以上善く押し戻すこともできないのです。

[98]

結局のところ、その後の展開が十分に証明したことですが――わたしは、ここで経典を脇に置いて、その結果だけに話を留めることにします――、この辞-言〔辞-マンション〕は持続します。この辞-言〔辞-マンション〕がいわゆる世界に満ち溢れ、世界〔le monde〕を元のその不浄〔immondice〕の真理へと返したのです。類い稀な石工だったローマ人が、奇跡的、普遍的な均衡を備えたものを築き上げ、さらにそれが、現在その崩壊した断片が残る、あれらの名だたる共同浴場に十分に象徴される、享楽の沐浴《もくよく》を伴っていましたが、この辞－言〔辞－マンション〕がそれらに取って代わったのです。享楽するということにかけては、それがどれほどひどいものだったのか、わたしたちにはもはやどんな種類の観念であろうと、もつことはできません。キリスト教は、そ〔ça〕のすべてを、世界と見なされていたおぞましさへと投げ捨てたのです。こうして、キリスト教の存続は、真の問題との密接なひとつの近縁性から切り離すことができないのです。

キリスト教が、自ら主張するように、真の宗教であるというのは、いきすぎた主張ではありません。真を間近から検討してみれば、それ〔キリスト教〕が、人がそれ〔真〕について語ることのできる最悪のことであるからには、なおさらです。

この真の界域というのは、人がそこに入り込むと、もう出られなくなるものです。真理を、真理にふさわしく目立たないものにするためには、分析的ディスクールのなかに入っている必要があります。分析的ディスクールが立ち退かせたものが真理を真理自身の場所に置きますが、真理を揺るがすことはありません。真理は縮減されますが、それでも不可欠なものです。こうして真理は強化され、この強化を凌ぐものは何もないことになります――ただし、諸々の英知のうちでまだ存続しているものは別ですが、しかし、それらは真理に取り組んだのではありません。例えば、道教あるいは他の救済教義がそうです。それらにとって、問題は真理ではなく道、つまり**タオ**〔*tao*〕という名が示しているように道であり、何か真理に似たものを何とかうまく先に延ばしてゆくことなのです。

確かに、キリストの小物語は、人類を救済する企《くわだ》てではなく、神を救済する企てという様相を呈しています。認めなければならないのは、この企てを自らに引き受けた者、その名を言えばキリストについては、彼はたっぷりとその代価を支払ったということです――最小限これは言えることです。

その結果について、まさに驚くべきは、それが満足すべきものであるかのように見えることです。いずれにしても、神が分かちがたく三であるということは、一‐二‐三と数えることが神より先に存在すると速断させかねない性質のことです。二つに一つなのです――神はキリストの啓示の事後性しか考慮していないのだとすれば、打撃を被《こうむ》るのは神の存在であることになり――あるいは、三が神に先行するのだとすれば、損害を被るのは神の一体性であることになります。そこから、神の救済は不確かなものであり、結局のところ、キリスト教徒たちの熱意に委ねられるものだということが納得できることになります。

面白いのは、当然のことながら――わたしはもうそれ〔ça〕をあなた方にお話ししましたが、あなた方は聞き取っていなかったのです――無神論は聖職者たちによってしか主張され得ないということです。一般信徒たちにおいては、無垢はこの点に関しては完全なままであり、それははるかに困難なのです。あの哀れなヴォルテールのことを思い起こしてください。これは抜け目がなく、鋭敏で、ずる賢く、並外れた弁舌跳躍家の御仁ですが、しかし、この正面にある小物入れ、つまりパンテオン〔万神殿〕には、申し分なく祭られるに値します。

[99]

フロイトが、幸いにも、わたしたちにひとつの必要な解釈を与えてくれました――それは、わたしが必然を定義して言うように、書かれることをやめない〔ne cesse pas de s'écrire〕のです――つまり、恩寵の宗教を創始することになった、息子〔神の子〕の殺害についての解釈です。フロイトはこれをまったくそ〔ça〕のとおりに語っているわけではありませんが、しかし、彼がまさに指摘したのは、あの殺害が、真理の告白〔l'aveu de la vérité（真実の告白）〕の可能なひとつの形式を構成する、否定のひとつの様式だということです。

そういうわけで、フロイトは〈父〉を改めて救済しているのです。その点で、彼はイエス・キリストを模しているのです。確かに、控えめにではあるでしょう。ありったけの力をそこで振り絞っているわけではありません。しかし、彼はそこでわずかながらも自分の分だけの貢献はしています、彼がそうであるところのものとして、つまり、すっかり時流に即していたわけではない善きユダヤ人としてです。

それはあまりに広まりすぎています。彼らが暴れ出せるようにするには、彼らを再結集させなければなりません。いつまでそんなこと〔ça〕が続くのでしょうか?

とはいえ、キリスト教の本質に関して、わたしには扱っておきたいことがあります。あなた方は今日、その点について呆気にとられることになるでしょう。

そのためには、わたしは前述のことから、もう一度、始めなければなりません。

3

魂とは――アリストテレスを読まなければなりません――、これは明らかに、男根の思考が行き着くものです。

このことは、次のことによって、なおさら必然的になります――つまり、書かれることをやめない〔ne cessant pas s'écrire〕こと――すなわち、問題になっているこの思考がそこで練り上げるものとは、身体についての諸々の思考なのです。

身体、それ〔ça〕はあなた方をもっと驚かせるはずのものです。実際には、それはまさに古典科学を驚かせています――いったいそれ〔ça〕はどういうことか、身体はどうしてそんな〔ça〕ふうに歩けるのか？　ひとつの身体、あなた方の身体、もっとも、他のどのような身体もそうですが、ぶらぶら歩き回る身体は、自足していなければなりません。あることが、わたしにそのことを考えさせてくれました。ちょっとした症候群ですが、わたしはこれがわたしの無知を脱するのを見た、つまり想起されたのです――もし涙が涸れてしまったりしたら、眼はもうちゃんと働かなくなるでしょう。これが、わたしが身体の奇跡と呼ぶものです。これはすぐに察知できることです。それ〔ça〕が、涙腺が、もう涙を流さないと、もう液を出さないと想定してみてください――面倒なことになるでしょう。

他方、それ〔ça〕が、いったいなぜなのか、泣き真似をするというのは事実なのです――身体的に、想像的に、あるいは象徴的に、人があなた方の足を踏むや否やです。人があなた方に**悪影響を及ぼす**〔*affecte*〕と、それ〔ça〕はそんな〔ça〕ふうに言われます。この泣き真似と不測の事態に備えるという行為、つまりずらかる〔se barrer〕という行為との間には、どのような関係があるのでしょうか？　これは卑俗な言い回しではありますが、言い得て妙です。というのも、この言い回しは、まさに斜線で抹消された主体〔le sujet barré〕に、つまり、あなた方がここでその何らかの音の響きを聞き取った、その主体につながるからです。主体は実際、わたしが言ったように、斜線で抹消されます、それも意外と頻繁にです。

この点については、ただ次のことを確認しておいてください。すなわち、象徴的なもの、想像的なもの、そして現実的なものに関しては、表現を統一した方がずっと好都合だということです。ちょうど――これは余談ですが――アリストテレスはそうしていました。アリストテレスは運動とアロイオーシス〔αλλοίωσις（変化）〕を区別しませんでした。変化と空間における動きは、彼にとって――しかし、彼はそのことを知らなかったのですが――主体が斜線で抹消されることだったのです。当然ながら、彼は真の諸々のカテゴリーをもっていませんでしたが、それでもやはり、ものごとを正確に感じ取っていました。

[100]

他の用語で言えば、重要なのは、身体が存続するために、そ〔ça〕のすべては十分うまくいっているということです、ただし、外的なものにせよ内的なものにせよ、いわゆる偶発事を除けばですが。このことが意味するのは、身体は、そうであるように現われているものとして、つまり閉じられたひとつの物体として捉えられているということです。

魂とは、この身体への、自分の想定された同一性のこと、すなわち、それを説明しようとして人が思考するすべてのことを伴った、この同一性以外の何ものでもないということを分からない人がいるでしょうか？　要するに、魂とは、人が身体に関して――優勢な〔支配的な〕側において〔du côté du manche（男根の側において）〕――思考するもののことなのです。

そして、人は、身体が同様に思考すると思考して安心するのです。そこから説明の多様性が生じます。身体が秘密〔secret〕を思考していると想定されるときには、身体はさまざまな分泌〔des sécrétions〕

をしており——具体的なもの〔concret〕を思考していると想定されるときには、さまざまな結石〔des concrétions〕を生じている——、情報〔information〕を思考していると想定されるときには、さまざまなホルモン〔des hormones〕を生じている。それからさらに、身体はＡＤＮ〔ＤＮＡ〕に、つまりアドニス〔Adonis（女神アフロディテに愛された美少年）〕に没頭する〔s'adonner〕、というわけです。

こういったすべては、あなた方を次のことに導いていくためなのですが、これはもうはじめの段階で無意識の主体に関して告知してあることです——というのも、わたしはただただこうして甲斐のないおしゃべりをしているわけではないからです——、すなわち、実に奇妙なことに、心理学では、思考の構造がランガージュに立脚しているということが見過ごされているのです。当のランガージュは——この点にこそ、**構造**というこの用語の斬新さのすべてがあり、他の人たちはそれを自分たちがそれに望んでいるものにしていますが、わたしの場合、わたしが指摘するものはそれ〔ça〕なのです——当のランガージュはひとつの注目すべき惰性を含んでいますが、このことは、ランガージュの機能の仕方を数学的と言われる諸々の記号、すなわち諸々の数学素と比べてみれば、それらの数学素が完全に伝達されるという、その事実ひとつだけで分かることです。人はそれらが何を意味するのかまったく分からないのに、それでもそれらは伝達されるのです。それでもなお、それらはランガージュの助けがなければ伝達されないということに変わりはなく、そして、そのことがまさに、この問題の跛行のすべてをなしています。

存在を樹立する何かがあるとすれば、それは間違いなく身体です。この点については、アリストテレスは誤っていません。いくつもの身体を、彼は多くの身体を、ひとつひとつ解明しました、動物誌

[101]

を参照することです。しかし、彼にはできていないのです、彼の著作をよく読んでください、自分の主張を用いてうまい方法を作り出すことができていないのです——あなた方は、わたしが懇願しているにもかかわらず、当然のことながら『魂について』を読んだことはないでしょう——その主張とは、人間は自分の魂**によって**〔avec〕——道具——思考する、つまり、今しがた言ったように、自分の身体が支えられている想定上の諸々のメカニズムによって思考する、ということです。

当然のことながら、注意してください。メカニズムということが言えるのはわたしたちであり、それはわたしたちの物理学〔自然学〕によっています——といっても、それももうお払い箱になっている、ひとつの物理学ですが。何しろ、量子物理学以来、メカニズムの方、それ〔ça〕は吹っ飛んでしまいましたから。アリストテレスはメカニズムの行進のなかに入っていたわけではありません。ですから、**人間は自分の魂によって思考する**というのは、人間はアリストテレスの思考によって思考するという意味です。この点において、思考は当然、優勢な側〔du côté du manche（男根の側）〕にあります。

人が、ともあれ、より善くやってみようと試みていたことは明らかです。量子物理学以前に、まだ他のものがあります——エネルギー論とホメオスタシスの概念です。ランガージュの機能における惰性とわたしが呼んだものに基づいて言えば、どんなパロールもひとつのエネルギーではあるけれども、まだひとつのエネルギー論に取り込まれてはいません、というのも、このエネルギー論は計測に適していないからです。エネルギー論というのは、エネルギーから、量ではなく、まったく恣意的な仕方で選ばれた数を導き出し、それらの数によって、いつもどこかにひとつの定数が残るように、人が手筈を整えておくことです。問題の惰性に関しては、わたしたちは、これをランガージュそのものの水準で捉えることを余儀なくされています。

いったいどのような関係が、ランガージュを構成する分節と、そして思考の――伝統的科学によってかくもやすやすと世界のなかに反映させられたこの思考の――実体であることが明らかなひとつの享楽との間にはあるのでしょうか？　この享楽とは、それが元で神が至高の存在となり、また、この至高の存在が、アリストテレスがいみじくも語ったように〔dixit〕、他のすべての存在の善が何であるのかが、そこからこそ知られる場処以外の何ものでもあり得ないことになる、そのような享楽のことです。こういう享楽は、思考とは大した関係をもっていないと言うべきでしょう、もし、わたしたちが、思考とはまずもってランガージュの惰性に支配されているものと見なすのであれば。

ランガージュの惰性を支えるのに最適と見えるものを用いて、どのように享楽に迫り、追いつめて悲鳴をあげさせるべきかを人がこれまで知らなかったというのは大して驚くにはあたりません。その最適なものとは、鎖という考え方、言い換えれば、ひもの切れ端という考え方のことで、それらのひもの切れ端が輪を作ったり、あるいは、どんなふうにかはよく知られていないのですが、互いに組み合ったりするのです。

この概念は、以前に一度、あなた方の前で提起したことがありますが、今回はもっと上手にやってみることにしましょう。そういうわけで、それは昨年度のことでした――自分自身でも驚きますが、歳をとるにつれて、前年度のものごとが一〇〇年も前のことのように思われるのです――、わたしは、ボロメオの結び目によって支えることができると考えた次の定式をテーマにしました――**わたしは君に、わたしが君に提供するものを拒むように要求する、なぜなら、それはそれではないからだ**

〔*je te demande de refuser ce que je t'offre parce que ce n'est pas ça*〕。

これは、わたしが発する定式のすべてがそうであるように、その効果に対して念入りに適合させてある定式です。「レトゥルディ」〔*l'Étourdit*〕を参照してください。わたしは、**語りは忘れ去られたままになる**〔*le dire reste oublié*〕云々と言ったのではなく、**人は何を語っているのか**〔*qu'on dise*〕と言ったのです。同様に、ここでは、わたしは、**なぜならそれはそれでしかないからだ**〔*parce que ce n'est que ça*〕とは言っていません。

それはそれではない〔*ce n'est pas ça*〕——これこそまさに、獲得された享楽が期待された享楽から区別される叫びです。まさにそこにおいて、ランガージュのなかで語られ得るものが特定化されます。否定は、まったくそこに由来するかのような見かけを有しています。しかし、それ以上ではありません。

構造は、ここに関連づけて言えば、次のことの他には何も明示しません。すなわち、構造は、享楽が、つまり、もし仮に**それがそれ**〔*ça*〕**であった**とした場合の享楽が、どれほどの距離をもって欠けているのかを刻印することによって、それ〔*ça*〕であるだろう享楽を単に想定するのではなく、ひとつの他の享楽を支えている限りにおいて、構造とは享楽のテクストそのものの構造であるということです。

そういうわけです。このような辞－言〔dit-mension（辞－マンション）〕とは——繰り返しになりますが、しかし、わたしたちは、そこではまさに反復が法であるという、ひとつの領域のなかにいます——このような辞－言〔dit-mension（辞－マンション）〕とは、フロイトの語りのことです。

それはフロイトの存在証明とさえ言えるものです——それなりの年数が経てば、そういうものがひとつ必要になることでしょう。先ほど、わたしは彼をその仲間であるキリストと比較しました。キリストの存在証明は、これは明白であり、キリスト教がそれです。キリスト教は、実際には、そこにくっついているのです。結局のところ、当面は『性欲論三篇』があるわけですが、わたしはあなた方にこれを参照するようお願いします。というのも、わたしが〔ドイツ語の〕**欲動**〔*Trieb*〕を訳して**偏流**〔*la dérive*〕と、つまり享楽の偏流と呼ぶものについて、再度これを使わなければならなくなるからです。

[102] そ〔ça〕のすべてが、これは強調しておきますが、まさに哲学的古代の全期にわたって、認識という観念の重みの下で虚脱の状態に置かれていたのです。

ありがたいことに、アリストテレスは十分に知的〔intelligent（ヌース的）〕だったので、能動知性〔l'intellect-agent（能動理性、能動的ヌース）〕のなかで、象徴機能において問題にされるものを分離することができました。彼は、端的に、まさに象徴界においてこそ知性は働くのでなければならないことを見て取ったのです。しかし、彼は次の点では十分に知的ではありませんでした——十分でなかったのは、キリスト教の啓示を享受していないからです——すなわち、パロールは、たとえ彼のパロールであっても、ランガージュによってしか支えられない、あのヌース〔νοῦς〕を指し示すことで、享楽に関わっている、と考えるには至らなかったのです——とはいっても、この享楽は彼の著作の至る所に隠喩的に指し示されています。

あの質料と形相という物語のすべてが、あれ〔ça〕が、性交にまつわる古びた伝説よろしく暗示していることといったら！　あれ〔ça〕で彼は見て取ることもできただろうに、それは全然それ〔ça〕ではないのだと、認識などわずかたりともありはしないのだと、そうではなく、見せかけの認識を支えている諸々の享楽は、何か白色光のスペクトルのようなものなのだと。これにはひとつだけ条件があって、問題の享楽はこのスペクトルの領野外であることが見て取られなければなりません。問題は隠喩です。享楽にまつわる事情については、性的関係に適合するひとつの享楽という、純然たるまやかし〔fallace〕でしかないものに対応するものとして、虚偽の究極目的を設けなければならないのです。この意味では、諸々の享楽はすべて、その究極目的の――仮にその享楽が性的関係といささかなりとも関係をもつとすれば、それ〔ça〕がそうである究極目的の――諸々の競合偏流〔des rivales〕でしかないのです。

4

わたしは、もう一度、キリストの絵に一筆流してみようと思います。というのも、これは重要な人物ですし、また、それがちょうどバロックを注釈することになるからです。人が、わたしのディスクールがバロックの性質を帯びていると言うのは、理由のないことではありません。

ひとつ問いを立てようと思います――キリスト教の教義において、キリストが魂をもつということに、どのような重要性があり得るのか？　この教義は、ひとつの身体における神の受肉の話しかしていませんし、また、確かに、このペルソナが被《こうむ》った受難がもうひとつのペルソナの享楽になったと想定しています。しかし、ここで欠けているものは何もありません、特に魂はないのです。

キリストが価値をもつのは、復活においてさえ、その身体によっていますが、その身体は媒介物であり、そこを介してキリストの現存への聖体拝領が体内化となります――つまり口唇欲動――そして、この体内化に、キリストの花嫁は、それを人は教会と呼んでいるのですが、何も待ち望むこともなくひとつの性交〔une copulation〕にとても強く満足しているのです。

キリスト教の諸々の効果として押し寄せたすべてにおいて、特に芸術において――まさに芸術においてこそ、わたしはあのバロック様式に、すなわち、それを身に纏うことをわたしが容認しているバロック様式に合流するのですが――すべてが享楽を連想させる身体の露呈なのです――それについては、イタリアで教会を満喫してきた人の証言を信頼してください。ただし、性交は別の問題です。性交が目の前に現われていなくても、それは意味のないこと〔pour des prunes（睾丸のため）〕ではありません。性交は、人間の現実生活のなかでそうであるのと同じように、そしてそれにもかかわらず自らを成り立たせている諸々の幻想に栄養を与えているのと同じように、場面の外にあります。

[103]

どのような場所でも、いかなる文化圏においても、このような除外がより赤裸々な形で白状されたことはありません。もう少し言いましょう――わたしは自分の語りをあなた方に加減して与えているわけではない、とは思わないでください。わたしは先に進んで、あなた方に次のように言いましょう。すなわち、どのような場所であろうと、キリスト教の場合と同様、芸術作品そのものが、相も変わらず、そして至る所で芸術作品がそうであるもの――つまり猥褻に対して、疑いを容れる余地もなく明らかになっているわけではないのです。

猥褻の辞－言〔dit-mension（辞－マンション）〕、キリスト教はまさにこれによって人類〔les hommes（男たち〕の宗教をかき立てているのです。わたしはあなた方に宗教の定義を与えるつもりはありません。なぜなら、芸術史と同じように、宗教史というものもないからです。**定冠詞のついた**宗教〔*les* religions〕は、**定冠詞のついた**芸術〔*les* arts〕と同じように、ひとつのゴミ箱〔une poubelle〕です、というのも、そこ〔ça〕には統一性が微塵もないのですから。

それでもやはり、人が競い合ってでっち上げているこれらの家庭用品には何かがあります。問題となるのは、生まれながらに話をする存在にとって、彼らがいろいろなやり方で色恋に向かうことで成り立っている切迫した状態です。彼らのいろいろなやり方とは――もしそれが、わたしが先ほど**魂**という語に与えた意味で把握し得るものであれば、つまりそれ〔ça〕が機能するようにしているものであれば――性交の魂とわたしが呼び得るであろうものからは除外されたやり方です。わたしがこの語によって敢えて支えているのは、もしそれ〔ça〕が性交の魂であれば、彼らを実際にそこへ駆り立てて、わたしがひとつの物理学〔une physique（自然学）〕と呼ぶものによって練り上げることができるであろうものです。この物理学は、この場合、次のものに他なりません――すなわち、思考することにおいて想定し得るひとつの思考です。

そこにはひとつの穴があり、その穴は〈他者〉〔l'Autre（この l'Autre は l'autre の間違いではないかと思われる）〕と呼ばれます。少なくとも、わたしはこれをそのように命名できると考えました。この〈他者〉は、パロール〔la parole〕が、そこに寄託されて〔d'être déposée〕――共鳴に注意してください――真理を樹立し、そしてその真理によって、性的関係の非実在を補塡する契約を樹立する場処としての〈他者〉であると、ただし、それは性的関係が思考される限りにおいて、言い換えれば、思考可能だと思考される限りにおいて、そしてディスクールの始まりが――わたしのセミネールのひとつの題を覚えておられるのなら――見せかけ〔le semblant〕のみに限定されない限りにおいてです。

思考は、思考することにおいて想定されるのでなければ、ひとつの科学の趣旨に即した働きをしないということ、つまり、存在が思考すると想定されること、これがパルメニデス以降の哲学的伝統の基盤をなしているものです。パルメニデスは誤っていましたが、ヘラクレイトスは正しかったのです。それがまさに、ヘラクレイトスが断片九三で言明していることにおいて徴《しるし》づけられていることです――οὔτε λέγει οὔτε χρύπτει ἀλλὰ σημαίνει **彼は、白状もせず、隠しもせず、徴を成す**〔*il n'avoue ni ne cache, il signifie*〕、そうして男根〔le manche〕のディスクールそのものを自分の場所に戻しているのです――ὁ ἄναξ οὗ τὸ μαντεϊόν ἐστλ τὸ ἐν Δελφοῖς **デルフォイで神託を下す王**、すなわち、男根です。

あなた方は、あの馬鹿げた話をご存じですか？　わたしに関して言えば、妄想的なまでにわたしが賞賛した話です。わたしは、聖トマスを読むときには、床の上で8の字になります。なぜなら、それがとてもうまくできているからです。アリストテレスの哲学が、聖トマスによって、キリスト教的意識と呼べるであろうもの、仮にそれ〔ça〕に意味があるとしてですが、そういうもののなかに再注入されたというのは、これは何か次のようにしか説明できないことです。つまり――結局のところ、これは精神分析家たちと同様に――キリスト教徒たちは、自分たちに啓示されたものをひどく嫌っています。そして、彼らはまったく正しいのです。

[104] 話す存在において、享楽の様態そのものに身体の辞‐言〔dit-mension（辞‐マンション）〕として刻印されたこの裂け目は、フロイトによって、パロールの実在というあの坩堝《るつぼ》を介して迸《ほとばし》り出たものです

──わたしはこれ以上何も言いません。それ〔ça〕が話すところで、それ〔ça〕は享楽する。そして、それ〔ça〕は、それ〔ça〕が何かを知っているという意味ではありません、なぜなら、いずれにしても事態が変わらない限り、無意識はわたしたちに、神経系の生理学についても、勃起の機序についても、また早漏についても、何も明らかにしてくれはしないのですから。

この真の宗教という問題にけりをつけるにあたって、わたしは、まだそれができるうちに指摘しておきますが、神は聖なると言われるエクリチュールによってしか現われません。それらのエクリチュールは、どういう点で聖なるものなのでしょうか？──それらが失敗を反復することをやめないという点においてです──ソロモンを読んでください、彼は主人のなかの主人であり、**容赦ない‐主人**〔*senti-maître*〕です、これはわたし流のひとつの類型ですが──失敗とは、存在がその証《あかし》であるようなひとつの英知による諸々の企ての失敗のことです。

これらのすべては、種々の秘策がその時々で現われなかったということではありません。つまり、それらのおかげで、享楽は──享楽がなければ、英知はあり得ないので──存在の思考を満足させるという、この目的に到達したと自ら信じることができたのです。ただし──この目的は、去勢という代償なしで満たされたことはありません。

例えば、道教では──あなた方はそれが何であるかを知りません、ごくわずかの方が知っているだけです、でもわたしはこれを実践したことがあります、といっても、もちろん文献を愛読〔実践〕したのですが──道教の例は、セックスの実践そのものにおいて疑う余地のないものです。善く在るためには、射精を鎮めておかなければなりません。仏教はといえば、それは思考そのものの断念によっている卑近な例です。仏教において最も善いもの、それは禅ですが、禅では、それ〔ça〕はそれ〔ça〕にある——つまり、あなたに叱声で答えることにあるわけだ、君。フロイトが言っていたあの地獄のような事態から自然な仕方で抜け出たいなら、これが最善の方法です。

古代の作り話、これ〔ça〕をあなた方は神話と呼んでおり——クロード・レヴィ＝ストロースもまた、これ〔ça〕をそう〔ça〕呼んでいます——、地中海圏の神話は——これがまさに人が手をつけないものだというのは、これがいちばん盛り沢山だからですが、何よりもまず、この神話であまりに果汁を作りすぎてしまったために、もうどこから手をつけていいのか分からないからです——、神話もまた、精神分析のジャンルにおける何かに到達しています。

神々は掃いて捨てるほどいたわけですが、善い神を見つければ十分だったのであり、それ〔ça〕が、あの偶然の秘策になっていました。そして、この秘策によって、時折、分析のあとで、ひとりひとりの男は、適切にそれぞれの**ひとりの女**と寝るという結果にたどり着くのです。とはいえ、それらは神々だったのであり、多少は一貫性のある〈他者〉の諸々の表象だったのです。分析操作の弱点は大目に見ておきましょう。

とても奇妙なことに、それはキリスト教信仰ときわめて完全に両立するために、わたしたちは、この多神教の復興を、それと同じ名〔ルネサンス〕でピン留めされる時代に見ることになりました。

わたしがあなた方にそ〔ça〕のすべてを語っているのも、ちょうど美術館めぐりから戻ったところだからであり、また、つまるところ、反‐宗教改革とは原典に回帰することだったからであり、そしてまたバロックとはその陳列棚だからなのです。

[105]

バロックとは、身体の透視による魂の制御のことです。一度は——そんな時間をこの先もてるかどうか、わたしには分かりませんが——諸々の周辺領域における音楽の話をしなければならないでしょう。今のところは、ヨーロッパのすべての教会で見られるものについて、つまり、壁に掛けられているものすべて、崩れかけているものすべて、魅惑するものすべて、錯乱するものすべてについてだけ、お話ししましょう。それは、わたしが先ほど猥褻と呼んだものです——ただし、高揚した猥褻です。

わたしは自問するのですが、中国の奥地からやって来た人に対して、それ〔ça〕は、つまり殉教者たちのさまざまな表現のこの溢れるばかりの煌《きら》めきは、いったいどのような効果を及ぼすことになるのでしょうか。そして、わたしは、それ〔ça〕は逆転するのだ、と言いましょう。これらの表現そのものが、多少なりとも純粋な苦悩の殉教者なのです——ご存じのように、**殉教者**は証人を意味します。人々が真剣に小さな正方形に専念し始めて空虚なものを作るまでは、それこそがわたしたちの絵画だったのです。

ここに人類〔l'espèce humaine〕の矮小化があります——**人の**〔*humaine*〕というこの名は、**不健全な気分**〔*humeur malsaine*〕というふうに響きますが、ここには**不幸**〔*malheur*〕をもたらす、ひとつの余りがあります。この矮小化は境界であり、そこを越えて、教会はこの類をまさにこの世の終末に導こうとしています。そして、この矮小化は、話す存在の性に固有の裂け目のなかにしっかりと根づいており、そのために、少なくとも、言ってみれば——わたしは無というものに失望したくはないので——この矮小化は、科学の未来と同じくらい、この裂け目のなかに根づいている恐れがあります。

『科学の未来』というのは、エルネスト・ルナン〔Ernest Renan〕という若輩の聖職者が彼の本の一冊につけた題名ですが、彼もまた、徹底した真理の僕《しもべ》でした。彼は、真理について、ただひとつのことしか求めませんでした――ただし、これが完全に第一のものだったのであり、これがなければパニックだったのですが――彼は真理が何の結果ももたらさないということしか求めなかったのです。

享楽の経済学、これは、わたしたちにとって、まだ手の届かないものです。そこにたどり着けば、それ〔ça〕はささやかな利益を生み出すのかもしれません。分析的ディスクールの観点からその利益について認められるもの、それはおそらく、本来偶然的ないくつかの方法で、時折、人にはそこに何かを見出すささやかなチャンスがある、ということです。

もし仮に、今日のわたしのディスクールが、完全に、全面的に負であるような何かではなかったなら、わたしは哲学的ディスクールのなかに舞い戻ってしまったのではないかと恐れるところです。とはいうものの、短い期間持続したいくつかの英知をわたしたちはすでに見たのですから、どうして分析的ディスクールによって的確な方策のひらめきを与えてくれる何かを人が見出せないことがあるでしょうか？　つまるところ、エネルギー論にしても、これもまたひとつの数学的な方策ではないとしたら、何なのでしょうか？　分析的な方策は数学的ではないでしょう。まさにそ〔ça〕のためにこそ、分析のディスクールは科学的ディスクールから区別されるのです。

最後に、このチャンスを、好運を委ねるシーニュの下に置くことにしましょう――つまり、**またし**

ても〔*encore*〕というシーニュの下に。

一九七三年五月八日

[107]

X ひもの輪

わたしは昨夜、夢を見ました。ここに来てみると、誰もいないのです。ここには夢の願望の特徴が認められます。わたしは朝の四時半まで仕事をしていたことを夢のなかでも覚えていたので、これでは何の役に立つはずもないと憤慨したのですが、それでもやはり、これはある願望の充足だったのです。つまり、そういうわけで、わたしは手持ち無沙汰にしているほかありませんでした。

1

わたしは語りましょう――これはわたしの役割ですから――わたしはもう一度、語りましょう――なぜなら、わたしはひとりで繰り返しているわけですから――わたしの語りについて、そして次のように明言されることを――つまり、**メタランガージュはない**、と。

わたしがそれ〔ça〕を語る場合、見かけ上、それ〔ça〕はこういう意味になります――つまり、存在のランガージュはない、と。しかし、存在はあるのでしょうか？　前回わたしが指摘したように、わたしが語るものは、ないものです。人が言うところによれば、存在はあり、非‐存在はないのです。あるのか、ないのか、どちらかです。この存在を、人はただある種のことばに対して想定しているにすぎません――例えば、個体、あるいは実体のように。わたしにとっては、それは語られたもののひとつの仕業にすぎません。

わたしが用いる**主体**ということばは、したがって、異なる調子を帯びることになります。わたしは存在のランガージュから一線を画しています。このことは、言葉という虚構が――言葉から出た虚構と言いたいわけですが――あり得ることを意味しています。そして、おそらく覚えている方もおられるでしょうが、わたしが倫理について話したとき、まさにその点からわたしは始めたのです。

[108]

わたしは、自分がランガージュの形式の機能を果たすものをいくつも書いたからというわけではありませんが、それでもメタランガージュの存在を保証します。なぜなら、この存在を、わたしは、それ自身で、ひたすらそれ自身で存立するものとして、存在のランガージュとして提示しなければならないだろうからです。

数学的形式化が、わたしたちの目標であり理想です。なぜでしょうか？――それは、唯一これだけが数学素であるから、つまり、完全に伝達され得るからです。数学的形式化というのは書かれたものですが、それを提示する際に、わたしが用いるラングを使用する場合にしか存立しません。そこに異論が生じます――ラングのどのような形式化も、ラングそのものの使用なしには伝達され得ないのだ、と。わたしは、まさにわたしの語りを介してこそ、この形式化を、つまり理想的なメタランガージュを外‐在させます。このようにして、象徴的なものは、存在と混同されるどころか、まったく逆であり、それは語りの外‐在として存立します。このことは、「レトゥルディ」〔*l'Étourdit*〕というテクストのなかで、象徴的なものが支えているのは外‐在だけである、と語って強調したことです。

どういう点においてでしょうか？　それは前回わたしが言った本質的なことのひとつです――分析は、それまでにディスクールから産み出されたすべてのもののなかで、分析が表明している次のようなことによって、これはわたしの教えの骨子ですが、わたしはそのことを知らずに話している、ということによって一線を画しています。わたしはわたしの身体をもって話しますが、そうしながらもわたしはそのことを知らないのです。したがって、わたしは常にわたしがそれについて知っている以上のことを語っています。

わたしが分析的ディスクールにおける**主体**という語の意味にたどり着くのはそこなのです。話していると知らずに話すものは、わたしを**わたしは**に、動詞の主語にします。それ〔ça〕はわたしを存在させるには十分ではありません。それ〔ça〕は、わたしが存在のなかに置くことを余儀なくされている次のものとは何の関係もないのです――すなわち、保持されるには十分な知ですが、一滴たりともそれ以上ではありません。

これは、人がそれまで形相と呼んできたものです。プラトンにおいて、形相とは存在を満たす、この知のことです。形相は、存在について、形相が語る以上のことは知りません。形相は、その切り分けのなかに存在を保持しているという意味では現実的ですが、ただし縁のところまでです。形相は存

[109]

在の知なのです。存在のディスクールは存在があると想定し、そのことが存在を保持しています。

知られ得ない存在関係があります。まさにその関係について、わたしは、わたしの教えのなかで、構造に問いかけますが、それはこの知が——たった今わたしが言ったように——不可能であるこの知が、そのために禁止されている限りにおいてです。わたしが両義性を活用するのは、ここです——この不可能な知は検閲され、禁じられていますが、しかし、適切に**間‐言**〔*l'inter-dit*〕と書けばそうでもなく、それは言葉と言葉の間で語られていることになります。必要なのは、この知がわたしたちにどんな種類の現実的なものへの接近を許しているのかを暴くことです。

必要なのは、この不可能な知の形式化が、つまり、ないものであり、わたしが外‐在させているこのメタランガージュがどこに向かっているのかを示すことです。証明され得ないものについて、それでも何かが真であると語られ得るのです。まさにこのようにして、この種の真理、つまりわたしたちにとって接近可能な唯一の真理、例えば非‐実践‐知〔non-savoir-faire〕に関わる真理が開かれます。

わたしはどう振る舞えばよいのか分かりません、こう言って構わないでしょう、真理に対して——女に対してと同じように、どう振る舞えばよいのか分からないのです。真理と女は、少なくとも男にとっては同じものだとわたしは言いました。それ〔ça〕は同じ困惑を引き起こします。この偶発事、これについて人が何と言おうと、真理に対しても女に対してもわたしは同じように興味をもってしまう、という偶発事がここにあります。

この知と存在の不一致こそが、わたしたちの主題となるものです。それ〔ça〕にもかかわらず、人はまた、このゲームを運んでいるものについて、そんなもの、つまり不一致などない、と言うこともできるのです、本年度のわたしの題で言うなら、**またしても**〔*encore*〕。またしても〔encore〕わたしたちを襲うのは知の不足です。そして、こうして知の不足に襲われることによって、**アンコール**というゲーム〔ce jeu d'*encore*〕が運ばれてゆきます――それは、不足についてもっと知れば、このゲームがわたしたちをより善く運んでくれるかもしれないということではなく、おそらく、さらに善い享楽が、つまり享楽とその目的との一致が、おそらくあるだろうということです。

ところで、享楽の目的は――これはフロイトが軽率にも〔inconsidérément〕部分欲動と呼んだものによって明言したすべてがわたしたちに教えているものですが――享楽の目的は、享楽が帰着するものの脇にあります、つまりわたしたちは繁殖しているということです。

わたし〔*je*〕とは存在ではなく、話している何かに想定されたものです。話している何かは、次のような点において、孤独としか関わりをもちません、すなわち、わたしが示したように、書かれ得ない、と語ることによってしかわたしが定義し得ない関係という点においてです。この孤独は、知の破綻による孤独であり、この孤独は書かれ得るだけでなく、すぐれて書かれるものですらあります。というのも、この孤独は、存在のひとつの破綻によって痕跡を残すものだからです。

これは、わたしが『リチュラテール』〔*Lituraterre*〕と名づけた一冊のテクストのなかで、確かにこのテクストには欠点がないわけではありませんが、わたしが語ったことです。**ランガージュの密集雲**が――わたしは隠喩的に表現しました――**エクリチュールをなす**。わたしがシベリアの上空から眺めたあれらの川の流れを、わたしたちがエクリチュールの隠喩的痕跡として読むことができるという事実が、雨の効果を超える何かに、すなわち、動物がそのようなものとして読む可能性がまったくない何かに結びついていないか――**結びつける**〔*lier*〕と**読む**〔*lire*〕は文字が同じであることに注意してください――、誰が知っているというのでしょう？　むしろ、その事実は、わたしがあなた方の頭のなかに入ってほしいと思っている観念論に結びついています――といっても、主体が自分の独立を勝ち得ていた時代に生きたバークリーが公言する観念論、つまり、わたしたちが認識するすべては表象であると主張する観念論ではなく、むしろ、異なる性の二つの身体の間には性的関係を登録することができないという不可能の領域に属する、あの観念論のことです。

まさにこのことによって、開かれた始まりが形成され、この開かれた始まりによって、世界はわたしたちをそのパートナーにするようになります。それが、話す身体、つまり自らの享楽を誤解することによってしかうまく繁殖できない限りでの話す身体です。つまり、話す身体は、自身が意味するものを失敗することによってしか話す身体は繁殖しないのです。というのも、この身体が意味するものとは――すなわち、フランス語にうまく表現されているように、身体の意味〔官能〕とは――身体の実際の享楽のことだからです。そして、話す身体が繁殖するのは、この実際の享楽に失敗すること――すなわち、セックスすることによるのです。

結局のところ、まさにそれ〔ça〕こそが、この話す身体がやりたくないことです。その証拠に、ひとりにすると、この身体はのべつ幕なしにせっせと昇華する、つまり、〈美〉だの〈善〉だのを見ます――〈真〉は勘定に入れずに。そして、この身体が当該のものに最も近づくのは、今しがたわたしが言ったように、またしても〔encore〕そこなのです。しかし、本当のところは、他の性のパートナーが〈他者〉として留まります。したがって、まさに自身の享楽に失敗することによって、身体は自身

[110]

を繁殖させるものについて何も知らないまま、またしても繁殖に成功します。しかも、とりわけ――この点はフロイトにおいて申し分なく感じ取れることです、もちろんそれは不明瞭なものでしかありませんがわたしたちがもっとうまくできるものでもありません――話す身体は、自身を繁殖させるものが生なのか死なのかを知らないのです。

それでも、次のことは言っておかなければなりません。すなわち、何がメタランガージュとしてあるのか、そして、どういう点において、メタランガージュはランガージュによって残された痕跡と混同されるのか、ということです。というのも、まさにそこから主体はラングの相関物の顕現へと回帰するからですが、この相関物は、存在の追加の知であり、また、主体にとって、〈他者〉へと、〈他者〉の存在へと赴くささやかなきっかけになるもので、わたしが前回指摘したように――これは第二の本質的論点ですが――主体はこの〈他者〉の存在について何も知ろうとしません。無知の熱情です。

まさにそれ〔ça〕ゆえに、他の二つの情念が次のように呼ばれるものになります。ひとつは愛――これは、哲学がせっせと捏《こ》ね上げたものとは裏腹に、知とは何の関係もありません――、もうひとつは憎しみですが、この憎しみこそまさに、存在に、すなわち、わたしが外‐在するものと呼ぶ存在に最も接近するものです。何ものも、外‐在が位置づけられているあの語りほど、多くの憎しみを凝縮させることはできません。

エクリチュールは、したがって、ランガージュのある効果がそこに読まれる痕跡です。それは、あなた方が何かを殴り書きすれば起こることです。

わたしもまた、それを自分自身に禁じることはもちろんありません。というのも、わたしは、まさにそれ〔ça〕を用いて、語るべきものを準備するのですから。エクリチュールにメタランガージュを確保しておかなければならないということは注目に値します。とはいえ、エクリチュールはメタランガージュと似た機能を果たさせることはできるものの、エクリチュールはメタランガージュではありません。ランガージュがそこに真理として登録される〈他者〉の視点から見れば、この効果は、やはり二次的であることに変わりはないのです。なぜなら、例えばアインシュタインの最後の諸々の公式のように、現時点においてエネルギーを物質に結びつける一般的な定式として、わたしがあなた方のために黒板に書けるもののうち、もしわたしがそれをラングの語りであるひとつの語りによって、そしてまた、ある知の名において指令を与える人々の実践であるひとつの実践によって支えるということがなかったら、そ〔ça〕のすべてのうちの何ものも成立することはないでしょうから。

話を戻します。あなた方が殴り書きをし、そしてわたしもそうするとき、それはいつも一枚の頁上であり、そして線が用いられており、そこでわたしたちはといえば、すぐさま諸々の次元の問題のなかに飛び込んでいます。

2

一本の線を切断するものは点です。点はゼロ次元ですから、線は次元をひとつもつと定義されることになります。線が切断するものはひとつの面ですから、面は次元を二つもつと定義されるでしょう。面が切断するものは空間ですから、空間はそれを三つもつことになります。

わたしが黒板に書いたちょっとしたシーニュがその価値をもつのは、ここです。

それ〔ça〕はエクリチュールの特徴をすべて備えており、文字であっても構いません。ただし、あ
[111]
なた方は筆記体で書きますから、線が他の線に出会うとき、その下を通そうとして、あるいはむしろ下を通ると想定しようとして、その前で線を止めるということは思いも寄らないでしょう。なぜなら、エクリチュールにおいては、問題は三次元空間とはまったく別ものだからです〔図1〕。

図1

この図では、ある線が他の線と交差するとき、それ〔ça〕はその線がもう一方の線の下を通ることを意味します。それがここで生じていることですが、線がひとつしかないという場合は別にします。しかし、線がただひとつしかないとしても、これはひとつの単純な輪とは区別されます。というのも、このエクリチュールはひとつの結び目〔nœud〕の平置きを表わしているからです。こうして、こ

図2

の線、このひもは、わたしたちが先ほど空間の観点からひとつの切断として定義した線、つまり、ひとつの穴を作る、すなわち内と外を分離する線とは、まったく別ものなのです。

この新しい線は、空間的にはそう容易には具体的に表現されません。その証拠に、理想的なひも、最も単純なひも、それ〔ça〕はトーラスであるかもしれないのです。それに、トポロジーのおかげで、人がトーラスのなかに閉じ込められているものは、あぶくのなかに閉じ込められているものとはまったく異なっているということに気づくまでには、ずいぶん長い時間を要しました。

トーラスの表面を使って何を作ろうと、結び目はできません。しかし、それに対して、トーラスの場処を使えば、次の図が証明しているように、結び目ができます。まさにこの点において、こう言ってよければ、トーラスは理性なのです。なぜなら、それは結び目を可能にするものだからです。

まさにこの点に、わたしが今あなた方にお見せしているものがあります。それは、ひとつのねじれ

[112]

たトーラスであり、先日わたしがひと筆描きで一と三を表わす三位一体としてお話ししたイメージで、これはわたしが示しているとおり、素っ気ないものです〔図2〕。

それでもやはり、わたしたちがこの最初の結び目に対して操作できるようになるのは、わたしがあなた方にすでにボロメオの結び目という名の下に示したちょっとした仕掛けによってこれを三つのトーラスに作り直すことによるのだ、ということに変わりはありません。当然ながら、わたしが昨年の二月頃にボロメオの結び目について話した折、ここにいなかった人たちがいます。わたしたちは、今日は次のことをあなた方に感じ取ってもらえるように努めましょう。すなわち、この問題の重要性と、そしてわたしがエクリチュールをランガージュが痕跡として残すものとして定義した限りにおいて、この問題がどういう点でエクリチュールに関わるのかということです。

ボロメオの結び目を使って、わたしたちはどこにも見られないものと、すなわち真のひもの輪と関わりをもっています。頭に描いてみてください、一本のひもを描く場合、ひもの横糸がひもの両端を繋ぎ合わせることは決してできません。ひもの輪を作るためには、結び目を、特に水夫結びを作らなければなりません。手元のひもを使って水夫結びを作ってみましょう。

ほら。水夫結びのおかげで、ご覧のとおり、ひもの輪がひとつできました。もう二つ作ることにしましょう。ボロメオの結び目がここで提起する問題は次のようなものです——三つのひもの輪を作ったとき、それら三つのひもの輪が相互に結びつき、しかも、そのひとつを切ると三つともバラバラになってしまうような仕方で結びつくには、どのようにすればよいのか？

三つはまだ何でもありません。というのも、本当の問題、一般的な問題とは、任意の数のひもの輪において、そのうちのひとつを切ったとき、他の輪のすべてが例外なくバラバラになって独立してしまうようにすることなのですから。

図3

これがボロメオの結び目です〔図3〕——わたしはすでに昨年、これを黒板に描きました。容易に見て取れるでしょうが、二つのひもの輪は互いに結ばれておらず、それらが保持されているのは、単に三つ目の輪によっています。

ここで、よく注意してください——このイメージの虜《とりこ》になっていてはいけません。問題を解くもうひとつ他の方法を示しましょう。

ここにひもの輪がひとつあります。もうひとつ別の輪があります。二つ目の輪をひとつ目の輪のなかに通して、折り返します〔図4〕。

そうすれば、三つ目の輪のなかに二つ目の輪を取り込んでやるだけで、三つの輪が結ばれることになります――そのうちのひとつを切断するだけで他の二つがバラバラになるような具合に結ばれるのです（図5）。

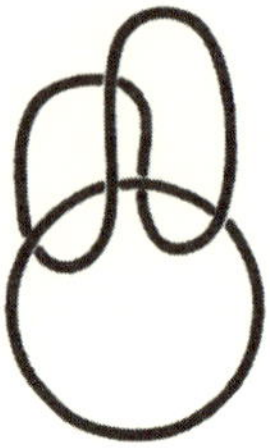

図4

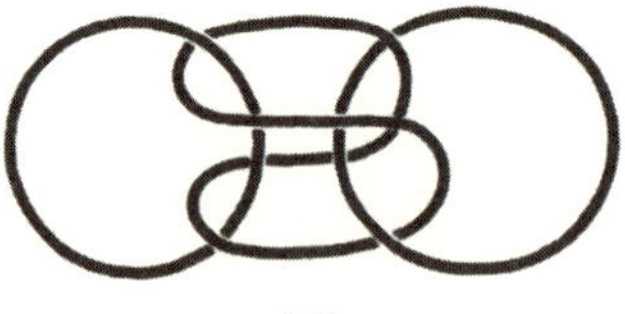

図5

[113]

ひとつ目の折り返しに続けて、三つ目の輪でさらに折り返しを作って、それを四つ目の輪のなかに取り込むこともできるでしょう。四つの場合も、三つの場合と同じように、結び目のひとつを切るだけで、他はすべてバラバラになることになります。このような結び目は完全に無限な数の輪に適用でき、このことは常に真です。この解法は、したがって完全に一般的であり、この連なりは好きなだけ長くできます。

この鎖では、その長さにかかわらず、最初の環と最後の環は他の環から区別されます――中間の輪は折り返されていて、すべて、図４に見られるように耳の形をしていますが、両端の輪は一重の輪です。

最初の環と最後の環を一緒にしても、つまり一方を折り返して他方のなかに取り込んでも、何ら支障はありません。こうして鎖は閉じられます（図6）。

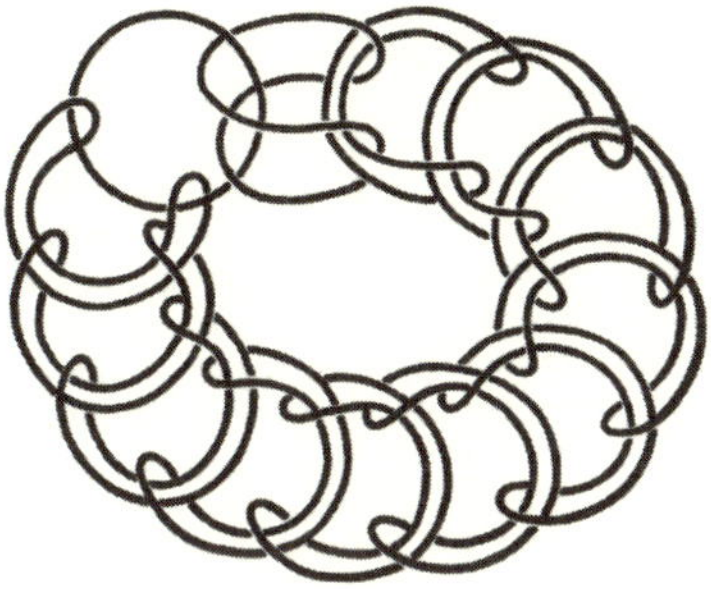

図6

両端をひとつに解消することは、しかしながら、ひとつの痕跡を残します――中間の輪から成る鎖では、枝状の部分が二本対二本で突き合わされていますが、他方、この鎖が、今やひとつだけになった一重の輪の上で閉じられる箇所では、四本の枝状の部分が、各々の側で一本の枝状の部分に、つまり円のそれに突き合わされているのです。

この痕跡を消し去ることは確かにできます――その場合には、折り返された輪でできた均質なひとつの鎖になります。

3

[114]

なぜわたしは過去のセミネールでボロメオの結び目を介入させたのでしょう？　それは次の定式を翻訳するためです。すなわち、**わたしはあなたに要求する**——何を？——**拒むことを**——何を？——**わたしがあなたに贈るものを**——なぜ？——**なぜなら、それ**〔*ça*〕**はそれ**〔*ça*〕**ではないからだ**——**それ**〔*ça*〕、あなた方はそれが何であるかを知っています、それは対象 a です。対象 a は、いかなる存在でもありません。対象 a とは、ある要求が想定する空虚なものであり、この要求を換喩によって、つまり、文の始まりから終わりまで確保された純然たる連続性によって位置づけることで初めて、わたしたちは、いかなる存在によっても支えられない欲望が、いったいどのようなあり方をするのかを想像できるようになります。欲望は、それらの結び目そのものによって確保される実体の他に、実体をもたないからです。

わたしは、わたしがあなたに贈るものを拒むようあなたに要求するというこの文を明言しながら、わたしは、前回再び取り上げたこの**それ**〔*ça*〕**はそれ**〔*ça*〕**ではない**の他に、この文に対する理由を挙げることができませんでした。

それはそれではないが意味するのは、あらゆる要求の欲望のなかには、対象 a の懇願、享楽を満たしてくれるとされる対象 a の懇願しかないということです——この享楽は、したがって、分析的ディスクールにおいて生殖欲動と不適切に呼ばれるものに想定された**快楽充足**〔*Lustbefriedigung*〕ということになるでしょうが、この快楽充足には、ある関係が、すなわち、一方の、〈他者〉として還元不能な形で留まるものに対する、充溢した登録可能な関係とされる関係が登録されているというわけです。わたしは次の点を強調しました。すなわち、主体、つまり、あらゆる要求の文の主語〔sujet〕であるあの**わたし**のパートナーは、〈他者〉ではなく、欲望の原因という形で現われ、〈他者〉の代わりになるものであると――この代わりになるものを、欲望の原因がフロイトの発見に従って、吸引の対象、排泄の対象、眼差し、そして声として、さまざまに構成される限りにおいて、わたしは四つに多様化しました。これらの対象は、まさに〈他者〉の代理として要請され、そして欲望の原因にされます。

主体は、性的関係はないということとの関連において無生物を思い描いているように見えます。世界そのものという観念を抱いているのは、わたしが言ったように、話す身体だけです。世界、「知に満ちた存在」の世界とは、ひとつの夢、つまり身体が話している限りでの身体の夢でしかありません。というのも、認識主体はないのですから。あるのは、対象 *a* における諸々の相関物を、つまり享楽するパロールの相関物を、パロールの享楽として自らに与える諸々の主語です。この享楽するパロールは、他の諸々の〈一〉以外の何を楔止めするのでしょうか?

先ほど指摘したことですが、双葉化、すなわち、ひもの輪を二つの耳の形に折ることによる変形は、厳密に対称な仕方でできます。それは四つの輪の水準になればもう生じることです。さて！　同様にして、主体と対象 *a* の相互関係は全体に及ぶのです。

[115]

あらゆる話す存在にとって、その欲望の原因は、こう言ってよければ、その折り目と、すなわち、わたしが主体の分割と呼んだものと、構造に関して厳密に等価です。このことが、主体がこんなにも長い間、世界は自分と同じだけものを知っていると信じ込むことができたことを説明しています。世界は主体と対称になっているのです、わたしが前回、思考と呼んだものの世界は、思考の等価物であり、鏡像なのです。だからこそ、最新の科学が到来する以前は、認識に関して言えば、幻想しかなかったのです。

この鏡像的な機制こそが、至高存在と言われるひとつの存在のなかにすべての存在の善を想定する、諸々の存在のあの階梯を可能にしました。このことは、また同様に、次のことの等価物でもあります。すなわち、対象*a*は、その名が示唆するように、性化された*a*〔*a-sexué*〕だと言うことができるのです。〈他者〉は主体に対して、性化された*a*の形のもとでしか現われません。欲望の対象という形のもとに、〈他者〉の支え、支え－代理、代理だったものはすべて、性化された*a*なのです。

この点において、〈他者〉そのものは留まっている――わたしたちは、これに関して、もう少し先に進めないわけではありません――、フロイトの理論ではひとつの問題に留まっているのです。この問題はフロイトが繰り返す次のような問いのなかに表現されています――**女は何を欲しているのか？**〔*Que veut la femme?*〕――、つまり、女は、この場合、真理の等価物です。この点において、わたしが提出したこの等価性の正しさが証明されます。

これ〔ça〕で、ひもの輪に基づくことの意義が分かっていただけたでしょうか？　当の輪は、ひとつの穴しか閉じ込めていないという意味で、確かに最も卓越した〈一〉の表象です。しかしながら、その点においてこそ、真のひもの輪は作るのが非常に難しいのです。わたしが用いているひもの輪は神話的とさえ言えます。なぜなら、人は閉じられたひもの輪は作らないからです。

しかし、またしても〔encore〕、このボロメオの結び目をどうしようというのでしょうか？　あなた方には、こうお答えしましょう。すなわち、それは、ランガージュの使用を特徴づけているものを表現するための、あのよく知られた隠喩を、わたしたちが思い描くのに役立ち得るのだと——その隠喩とは、まさしく鎖です。

注目すべきは、ひもの輪とは逆に、鎖の諸々の要素、それ〔ça〕は鍛造されるということです。そのやり方を想像するのは、さほど難しくありません——金属を曲げて溶接するのです。おそらく、これは容易な支えではありません。というのも、その支えが十全にランガージュの使用を再現できるようにするためには、中間の固定されていない二つないし三つの環を介して、少し離れたところにある別のひとつの環に繋がるような複数の環を、この鎖のなかに作らなければならないだろうからです。さらにまた、ひとつの文がなぜある一定の持続をもっているのかということも含まれていなければならないでしょう。これについては、隠喩はわたしたちに示すことができません。

そのうちのたったひとつを切るだけで個々の独立した状態に戻ってしまう、この折り返された結び目の連なりが、いったい何の役に立つのかを示してくれる例をひとつ挙げてみましょうか。その一例を精神病に見出すことは、相応の理由があるのですが、さほど難しいことではありません。シュレーバーの孤独に幻覚的に群がり住んでいるものを思い出してください——Nun will ich mich ...〔今わたしが自らがするのは……〕。あるいはまた——Sie sollen nämlich ...〔つまりあなたがすべきことは……〕。これらの中断された文をわたしはコードのメッセージと呼びましたが、それらの文は、得体の知れない実質を宙ぶらりんに放置するのです。そこに認められるのは、どのようなものであれ、ひとつの文がもつ要請、すなわち、その環のなかのひとつが欠けると他の環すべてが解放される、つまり、それらから〈一〉が取り上げられてしまう、という要請です。

　これこそがまさに、数学的ランガージュがことを処理するのを可能にしているものについて、わたしたちが提供できる最良の支えではないでしょうか。

[116]

　数学的ランガージュの特性とは、ひとたびそれが純然たる証明をめぐるその諸々の要請に関して十分に捉えられたなら、次のようなものになります。すなわち、口頭での解説より、むしろ文字の操作そのものにおいて進展するすべてのものが、文字のひとつが立ち行かなくなるだけで、他のすべての文字が、それらの配置による有効なものを何も構成しなくなるばかりか、散り散りになってしまうことを想定している、ということです。この点において、ボロメオの結び目は、わたしたちがこの〈一〉のみに由来していることの最良の隠喩です。

　〈一〉が科学を生み出すのです。計測における一の意味ではありません。科学において重要なものとは、人が信じていることとは逆に、計測されるもののことではないのです。古代科学は、ヌース〔νοῦς〕と世界の間の、すなわち、思考するものと思考されるものの間の相互性によって樹立されますが、近代科学を古代科学から区別するものとは、まさにこの〈一〉の機能なのです。この機能は、わたしたちが想定し得るところでは、単独性を表象しているだけであり――この単独性とは、〈一〉が他者にとって性的に見えるどのようなものとも真に結ばれないという事実のことです。それは鎖とは、まったく逆です。鎖については、複数の〈一〉は、部分的な〈一〉以外の何ものでもないため、すべて同じ仕方で作られています。

わたしがこう言ったとき――〈一〉**部分あり**〔*Y a d'l'Un*〕と、わたしがこれを強調したとき、わたしが昨年度の全体にわたって、象のようにそれ〔ça〕を本当に踏みつけていたとき、わたしがあなた方を何に導こうとしていたのか、お分かりでしょう。

そうなると、〈他者〉の機能はどのように位置づけられるでしょうか？　もし、ある程度まで、どのようなランガージュについても、それが書かれた際に残るものが支えられるのは、単に〈一〉による複数の結び目によるのだとすれば、ひとつの差異をどのように措定するべきでしょうか？　というのも、〈他者〉が〈一〉に付け加わることがないのは明らかだからです。〈他者〉は〈一〉から差異化されるだけです。それによって〈他者〉が〈一〉に関与するような何かがあるとしても、それは付け加わることではありません。なぜなら、〈他者〉とは――わたしがすでに言ったように、ただし、あなた方がそれを聞き取ったかどうかは分かりません――それは不足－の－〈一〉〔l'Un-en-moins〕だからです。

そ〔ça〕のために、男の、ひとりの女――問題になっている女――に対するどんな関係においても、女性形の不足－の－〈一〉〔l'Une-en-moins〕の観点からこそ女は捉えられなければなりません。もうあなた方にはドン・ファンについてそのこと〔ça〕を示してありますが、もちろん、それに気づいたのは、ただひとりしかいません。名を挙げるなら、わたしの娘です。

4

無数のボロメオの結び目に関して、ボロメオの結び目の問題に対するひとつの一般的な解法を見出したというだけでは十分ではありません。それが唯一の解法であることを示す手段をもっている必要があるでしょう。

ところで、わたしたちがどこまで来ているのかといえば、今日に至るまで、結び目の理論はひとつもありません。わたしがあなた方にお見せしたもののようないくつかのささやかな作成例はまだしも、わたしが今しがた与えたそれのようなひとつの解法となると、それが単に外-在する〔ex-sistente

[117]

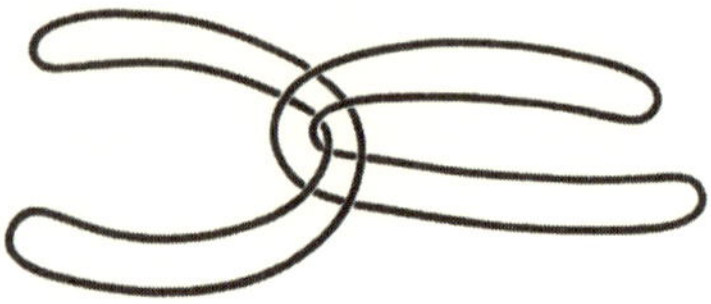

図7

〔原文のママ〕：ex-sistante の誤りか〕というだけでなく必然的でもあると、つまり——わたしが必然を定義するように——書かれることをやめない〔ne cesse pas de s'écrire〕と、そのように予測することを許す数学的形式化は、今日に至るまで、ひとつも結び目には適用されていないのです。そのことを今すぐお見せしましょう。こう〔ça〕するだけでよいのです〔図7〕。

わたしは今、これらの輪のうちの二つを互いのなかに通してやったわけですが、その際、この二つの輪で作られるようにしたのは、わたしが先ほど見せたあの折り返しではまったくなく、単にひとつの水夫結びになっています。すぐお分かりでしょうが、何の困難もなく、わたしは、どちらの側にせよ、作業を続行して、世界中のすべてのひもの輪を使って好きなだけ水夫結びを作ることができます。

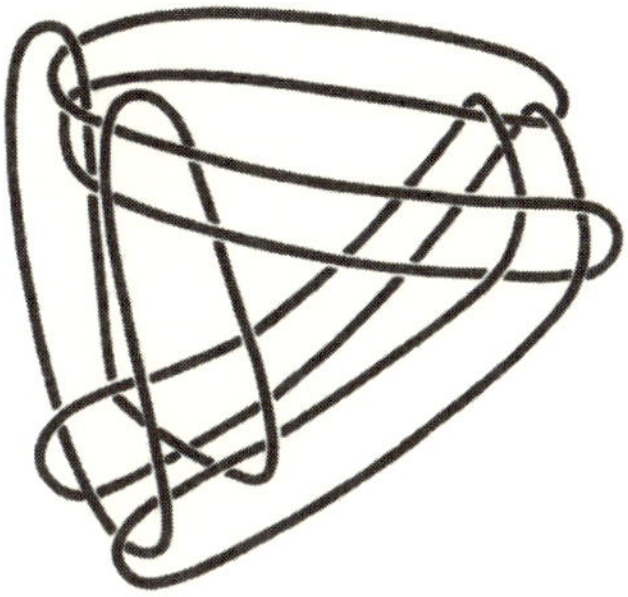

図8

ここでもまた〔encore〕、鎖を閉じることが、つまり、その諸々の要素からそれまで保たれていた分離可能性を取り除くことができます。鎖の両端を連結する三つ目の輪を通すのです〔図8〕。

これが、疑いもなく、第一のものとまったく同様に有効なひとつの解法です。この結び目は、ボロメオの特性を享受しています——輪をこの要領で配置しておいて、そのうちの任意のひとつを切ると、他のすべての輪が同時に解放されるのです。

[118]

これらの輪はどれも、ここでは他の輪とタイプが異なるわけではありません。特権的な点はひとつもなく、鎖は完全に均一です。しっかり感じ取っていただけると思いますが、わたしがあなた方に示したひもの輪を結ぶ二つのやり方の間には、トポロジックな類似はひとつもありません。こちらの水夫結びには、先の単なる曲げのトポロジーと比べると、ねじれのとも言えるようなトポロジーがあります。とはいうものの、それらの折り返した輪をひとつの水夫結びのなかに取り込んでも矛盾はしないでしょう。

このことからお分かりだと思いますが、ボロメオ的問題の諸々の解法に対して、ひとつの限界をどのように置くべきか、という問いが課せられています。わたしは、この問いを開かれたままにしておきます。

わたしたちにとって肝要なのは、理解していただいたと思いますが、数学的形式化のモデルを手に入れることです。形式化とは、任意の数の一の、ひとつの文字と呼ばれるものによる置き換え以外の何ものでもありません。というのも、あなた方が慣性を$mv^2/2$と書くこと、これ〔ça〕は何を意味しているのでしょうか？——それは次のことに他なりません、すなわち、これらの文字の各々の下にどれだけの数の一を置いたとしても、あなた方はいくつかの法則に、つまり加法、乗法などの群の法則に従っているのです。

　これらがわたしが開いた問いです。書かれるものについて、わたしがあなた方に伝えることができると期待しているものを、あなた方に知ってもらうために提起された問いです。

　書かれるもの、結局のところ、それ〔ça〕は何でしょうか？　享楽の諸々の条件。そして、数えられるもの、それ〔ça〕は何でしょうか？　享楽の諸々の残滓です。なぜなら、この性化された*a*〔a-sexué〕を、まさにこれを、自身が〈他者〉であるために――〈他者〉としか呼ばれ得ないために――、自身がもっている剰余享楽に連結することによって、女は、対象*a*の形で、剰余享楽を男に贈るのではないでしょうか？

　男は創造していると信じています――男は信じて－信じて－信じて〔il croit-croit-croit〕、創造して－創造して－創造して〔il crée-crée-crée〕います。男は女を創造して－創造して－創造しているのです。実際、男は女を仕事に、つまり〈一〉の仕事に就かせています。そして、まさにこの点において、ランガージュの分節がそこに登録される限りでの〈他者〉、つまり真理である〈他者〉は、わたしが先ほど不足－の－〈一〉〔l'un-en-moins（l'un は l'Un の誤記と考えられる）〕と表現したものによって斜線を引かれなければなりません。S(Ⱥ)、それ〔ça〕が意味するのは、これです。この点において、わたしたちは、〈一〉によって、首尾一貫しているような何かを、すなわち存在なしで数えられるような何かを作り出すという問題を提起するに至ります。

　数学化だけが現実的なものに手が届くのです――そして、この点において、数学化はわたしたちのディスクール、つまり分析的ディスクールと両立し――現実的なものは、伝統的認識が支えてきたものとは何の関係もなく、この伝統的認識が支えてきたものとは、この認識が信じている現実でもなく、まさに幻想なのです。

現実的なものとは、いわば、話す身体の神秘のこと、無意識の神秘のことです。

一九七三年五月十五日

[119]

回答

この回の講義のテクスト校訂の折に、わたしはジャック・ラカンにいくつかの質問をした。それに対する彼の回答をここに転記する。（J・A・M〔ジャック＝アラン・ミレール〕）

ボロメオの結び目の図形ほどにも単純な図形がひとつのトポロジーの端緒としてこれまで役に立つことがなかったというのは注目すべきことです。

実際、空間に取り組むには、いくつかの方法があります。

次元の概念による把握、すなわち切り取りによる把握は、お決まりの切断技術による性格学です。

これは点の概念に反映される傾向がありますが、この点の概念については、はっきりそう言われているようにゼロ次元であるものを、すなわち実在しないものを一と呼ぶことだと言えば、すべてを言い尽くしたことになります。

それとは逆に、ひもの輪に基づけば、二つの連続性の交差こそが三つ目のそれを止めるということから、楔止めが結果します。この楔止めがひとつのトポロジーの発端現象になるかもしれない、とは感じられないでしょうか？

これはまさに、いかなる点にも位置決定され得ないことを強みとする現象です。ボロメオの結び目をただじっと眺めてみてください――一目瞭然なのは、結び目をなしているこれらの輪がそこで楔止めされる〔se coincer〕ということが生じ得るその三つの箇所に、といってもこの箇所という語は括弧つきですが、番号をつけられることです〔図9〕。

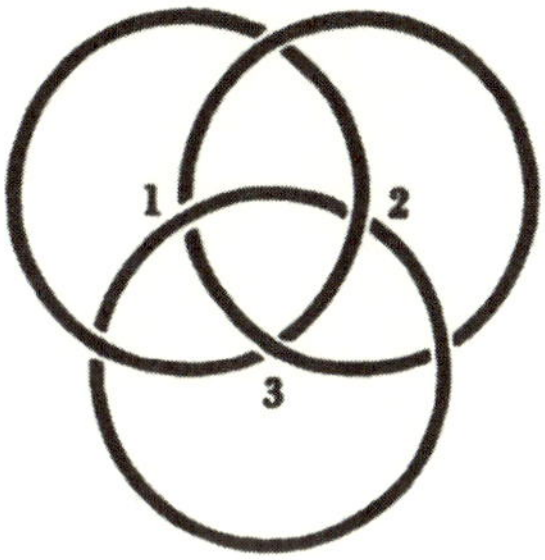

図9

このことが、その〔楔止めの〕各々のケースにおいて想定しているのは、他の二つの箇所がそこに集約されることになる、ということです。これは、ひとつしか**そのような箇所がない**ということでしょうか？　もちろん違います。三重の点というのは、その表現は用いられますが、到底、点という概念に即したものとは言えません。この点は、ここでは三つの線の収束から成っているのではありません。たとえその理由が、この点には異なる二つのものがある——ひとつは右向き、ひとつは左向き——ということにすぎないとしてもです。

わたしとしては驚かされるのは、わたしたちには、いわゆる情報供給のメッセージをもってしては、ランガージュによって想定された主体に左右の概念を伝えることはできないとされていることが、すっかり受け入れられてしまっているように見えることです。なるほど、それらの区別なら、わたしたちはそれを確かに伝達できると認められていますが、しかし、その先、どうすればそれらを特定できるのか、というわけです。これは、ある種の論議に反してまったく可能だと、それも、まさしく平置きに書き下すことによって可能だと、わたしには思われます。その命ずるところというのは、もし結び目が、わたしがそう考えるように確かにひとつの論理的事実であるなら、結び目の経験に基づいて文句なしに考え得ることなのです。

平置き〔la mise-à-plat〕というのは、この点に注目していただきたいのですが、面〔la surface〕とは別のものです。

それは、空間に、あの暗々裏の連続性とはまったく別の辞－言〔dit-mension（辞－マンション）〕を想定しています。そして、だからこそ、わたしは、この語のこのようなエクリチュールを、すなわち、空

[120]

間の語られるものの館〔la mension du dit〕を指し示すことがその趣旨である、このエクリチュールを用いるのです。このことを可能にするのは、わたしが話すラングだけです――しかし、それは、わたしが話す限りにおいて、自我としてのわたしが、わたし自身にその使用を禁じてしまうようにできているわけではありません。わたしがこれについて考えるところに照らせば、まったく逆なのです――敢えて言うなら。

換言すれば、重要なのは、空間に三つの次元があるということではありません。重要なのはボロメオの結び目であり、また、わたしたちが、この結び目がわたしたちに表象する現実的なものにたどり着くことができる、その理由となるものです。

わたしたちが惑星の向こうの存在たちに、右と左の特異性について何も伝えることができないとされる錯覚は、それが想像的なものと象徴的なものの区別を樹立する限りにおいて、わたしにとってはこれまでいつも好都合だと〔heureuse〕思われたものです。

しかし、左右というのは、わたしたちがそれらに関して、感性的に〔esthétiquement〕理解しているもの、つまり――わたしたちの身体が確立する関係において――身体の見かけ上の**二つの**側について理解しているものとは何の関係もありません。

ボロメオの結び目が**証明している**ことは、次のようなことではありません。すなわち、この結び目は、ひとつのひもの輪に対して、もうひとつの輪が二つの耳のように折り返されると、もうそれだけで、後者の二つのループを結ぶ三つ目の輪は、最初の輪のせいでそこから外れなくなるという具合にできている、ということではありません。そうではなく、これら三つの輪のうちのどの二つも最初と最後の輪として機能することができ、三つ目の輪はこのときそこで中間輪として、つまり折り返された耳として機能することになる、ということなのです――図4と図5を参照してください。

このことから次のことが演繹されます。すなわち、中間輪の、つまり二重の耳の数がどれだけであろうと、これら中間輪のうちのどの二つも最初と最後の輪として機能し得るのであり、他の輪はそれら二つを無数の耳で番《つが》いにするのです。

これらの耳は、したがって、1-2、2-1という突き合わせからではなく、それら最初と最後の二つの輪の間の隔たりにおいて、2-2という突き合わせからできており、この突き合わせは、そこにある輪の数から3を、つまりボロメオの結び目の輪の数を引いた回数だけ反覆されます。

しかしながら、明らかなことに、最初の輪から第二のそれへの、また最後のひとつ手前のものから最後のものへの特権的な絆は有効であり続けるので、最初のものと最後のものを中央環〔列〕に導入することは、そこに独特の紛糾を惹き起こすことになります。

それでも、この紛糾さえ免れれば、はじめの配置にまた行き着くことができます。
[121]
これらの結び目は、その複雑さにおいて、わたしたちに空間の三つの次元と言われるものを局所化させるのにちょうどよくできています。わたしたちは自分の身体をある容積の立体に翻訳していますが、この三つの次元というのはその翻訳に基づいているにすぎません。

わたしたちの身体に解剖学的にその素地がないわけではありません。しかし、まさにその点にこそ、必然的な見直しの核心があります――すなわち、身体がこの形態をとる――見かけ上、つまり、わたしたちの目に――その理由の核心です。

わたしはここで、どこから楔止めの、つまり結び目の数学が関わってくることになるのかを示します。

立方体をひとつとることにしましょう、そして、これを八つの、2^3の小さな立方体に分けて、それらが各々最初の立体の半分の辺をもつようにきちんと積まれているとします。

大立方体の対角線上で向かい合わせになる二頂点をその頂点とする小立方体を二つ選んで、これらを抜き取ります。

そうすると、あとに残る六つの小立方体を、共通の面ひとつで連結する仕方は二つ、それも二つだけになります〔図10、図11〕。

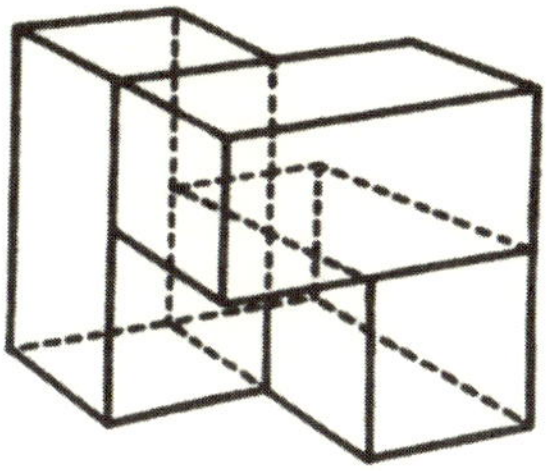

図10

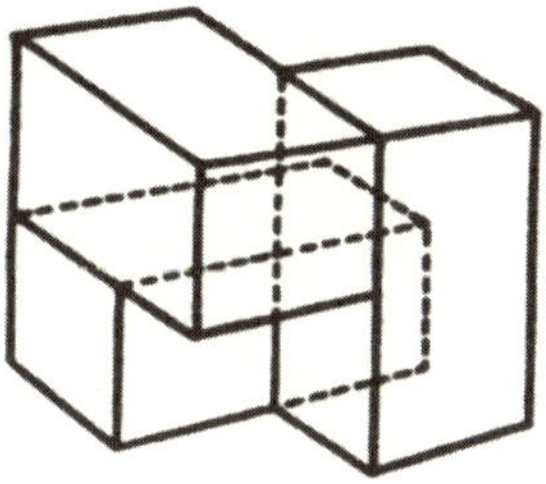

図11

これら二つの仕方は、まさにデカルト座標が区別するところの、言うなれば空間の三つの方角に従って、三つの実質的な軸を組み合わせる二つの異なる配置を決定します〔図12、図13〕。

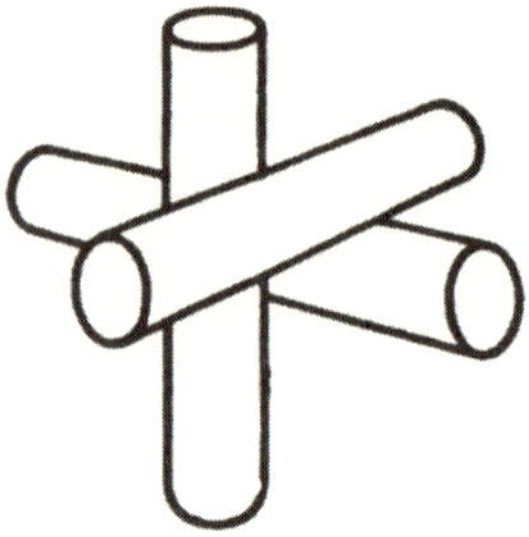

図12

図13

[122]

これら三つの軸の各々に対して、それらに課すことのできる屈折〔変曲〕を一義的に決定することが、空虚な、つまり最初に引き抜かれた二つの立方体によって可能になります。

　この屈折というのは、ボロメオの結び目における楔止めが要請するそれのことです。

しかし、それだけではありません。わたしたちは、ボロメオの結び目における最初の円と最後のそれの存在〔l'existence〕がなす特権の失墜を要請することができます——どの二つでもその役割を演じることができるからです——、すなわち、当の結び目におけるこれら最初のものと最後のものが中央環と同じ構造の折り畳みによって構成されることを——言い換えれば、2－2の絆がこの結び目において一義的になることを要請できるのです。それが、図8です。

　あらゆる平置き〔mise-à-plat〕の試みに対してそこから帰結する錯綜は、その元の配置の平たさがもつ優雅さと見事な〔heureusement（運による）〕対照をなすことでしょう。しかしながら、あなたも気づかれるでしょうが、元の結び目におけるいわゆる最初と最後の輪の位置と同じ位置に、改めて二つの輪を単離することほど簡単なことはありません。今度は、どの二つの輪もそのことに完全に即しているからです。というのも、元の、といっても４以上の数にされたボロメオの結び目の場合、それら中間の環の配置を、わたしが言ったように、あれほどにも複雑にする、その特権が消え去っているからです。

これらの環は、実際、この場合には、もはや輪の単純な折り返しで、つまり、わたしたちが二つの耳でイメージしたあの折り返しでできているのではなく、わたしたちが最初と最後という用語で単離した輪によって、そこに連結する環の四つの枝状の部分が捕えられている、そのような折り返しででできています。といっても、これら二つの輪によるその捕え方は等価ではなく、一方がそれら四本の枝状の部分を一本で捕えるのに対して、他方は、この事実をもって差異あるものとして規定できますが、それらを二重のループで締めるのです。

中央環の至る所で、四本の枝状の部分が、類型的かつ変異の余地があるいくつかの交差を可能にします。

要するに、これらの環は、その長さが両端の輪のそれの四分の一になるのです。

ここからわたしは、空間は直観的ではない、と結論します。空間は数学者なのです――これは誰もが数学の歴史そのものから読み取れることです。

このことが意味するのは、空間は数える術を知っているが、わたしたちに比べてそんなに先までというわけではないということです――それももっともなことですが――、というのも、それはせいぜい6止まりであって、7にもいかないからです。ヤハヴェがその週による支配によって特別視されたのは、まさにそのためです。

もちろん、庶民の計算は10まで計算しますが、これは指で数えているからです。その後、この計算は、0の登場をもって、それを断念せざるを得ませんでした。つまり、間違っているわけです——見かけ上の身体でも、動物的運動性でも、それらに関する何もあてにしては〔数えるのに使っては〕ならないのです。面白いのは、科学がまずそこから身を解き放つためには、6×10の体系、つまり60進法を代償にしなければならなかったことです——バビロニアのその諸々の体系を参照してください。

空間に話を戻すと、空間は確かに無意識の一部をなしているようです——ひとつのランガージュとして構造化されているようなのです。

そして、空間が6まで数えるとすれば、それは空間が啓示の3を介する以外に2を再び見出すことができないからなのです。

[123] もう〔encore〕ひと言——何も発明してはいけません。それが、無意識の啓示がわたしたちに教えていることです。しかし、手の打ちようがありません——わたしたちは、まさに発明したくてうずうずしています。なぜなら、わたしたちにとって必要なこととは、現実的なものから、そして数の現前がシニフィアンとなって指し示すものから身を逸《そ》らすことなのですから。

最後にひと言。すでに指摘されていることですが、**両端の**環の等質化は、それらのひも同士のつなぎ合わせと同じものではありません。このつなぎ合わせの方は、独特なことに、そのためにひとつだけ減ることになる環の数を別にすれば、それらの環を独立状態にしないのと同様、鎖に影響はないのです。

では、元の、環が三つの鎖については、これにもその操作を加えると、どんな結果が期待できるでしょうか？　鎖は二つの環に減りますが、明らかなのは、これら二つの環の決裂が生じるのは、間違いなく、どちらか一方の切断によるということです。

しかし、これらの環の巻きつきはどうなるのでしょうか？〔図14〕

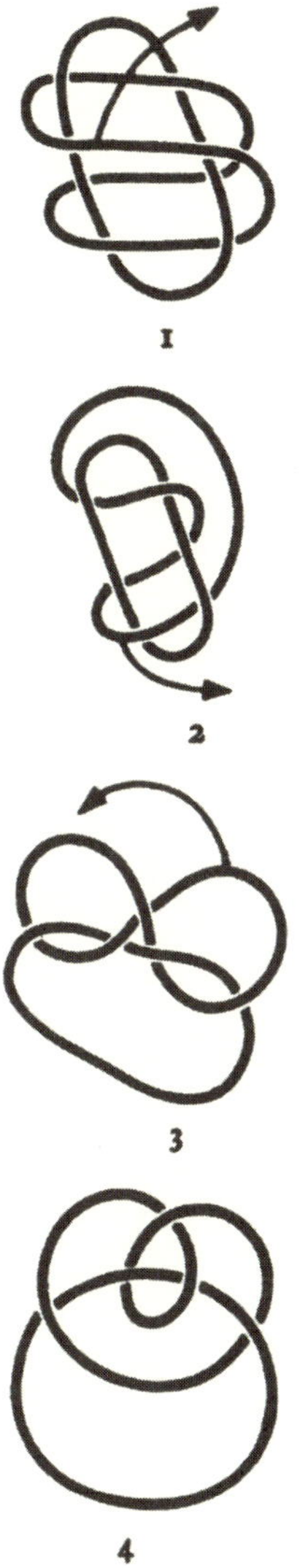

図14

それは、一重のリングと内側に折り畳まれた8の字との、すなわち、わたしたちが主体を象徴するそれとの巻きつきになるでしょう——そのため、このことによって、この一重のリングに——といっても、このリングは8と入れ替わることができます——このリングに、対象aの——すなわち、主体がそれを介して自分の欲望と同一化するあの原因の——シーニュを認めることができるのです。

一九七三年十月二十二日

XI　迷路のなかのネズミ

ランガージュはララングに基づいた知の労駄作である
身体の単位
ラカンの仮説
愛、偶然性から必然性へ

わたしがあなた方にお話ししていることに、ある人がブラシ磨きをしてくれたおかげで、四、五日前に、わたしは今年度の修辞的表現法のなかからブラシ磨きされたトリュフを手に入れました。

この『アンコール』という題のもとで、わたしは二〇年にわたって自分で地ならしをしてきた領野に相変わらずいるのか、正直言って確信がなかったのですが、それというのも、それ〔ça〕が語っていたことが、それ〔ça〕がまだ〔encore〕永く続くかもしれないということだったからです。今回の「セミネール」の文字になった初稿を読み直して思ったのですが、そう悪くないのです。特に、〈他者〉の享楽は愛の証〔シーニュ〕ではないという、わたしには少し貧弱に感じられたあの定式から出発したのは悪くありませんでした。この定式はひとつの出発だったわけですが、今日はおそらく、そのとき開いたものを閉じる際に、またそれに戻ることができるでしょう。

わたしは少しばかり愛について話しました。しかし、わたしが今年度提起したことの軸点、鍵は知にまつわる事情に関わっており、この知について、わたしは、その行使はある享楽を表象代理するものでしかあり得ないと強調しました。そして、今日はこの点に対して、ひとつの考察を試みたいと思います。すなわち、知として生み出され得るものに関して、科学的ディスクールにおいて手探りでなされていることについての考察です。

1

[126]

単刀直入に本題に入ります――知とは、ひとつの謎です。
この謎は、分析的ディスクールによって明らかになったような無意識によって、わたしたちに現前化されています。この謎は次のように表現されます――話す存在にとって、知とは分節されるものである。人はこのことにずっと前から気づいていてもよかったのです。なぜなら、知への個々の道を引くにあたって、人がしたことといえば、諸々の事物を分節すること、しかも長年にわたってそれらを存在に集中させることでしかなかったのですから。ところで、何ものも、それ〔ça〕は在るとそれ〔ça〕が語られる限りにおいてしか在らぬのは明らかなことです。

S_2と、わたしはそれ〔ça〕を呼びます。このS_2を聞き取ることを知らなければなりません——それ〔ça〕が話すのは確かに**それらについて**〔est-ce *d'eux*（S_2）〕か、と。ランガージュはコミュニケーションに用いられると一般には言明されています。何についての、どんな**それら**〔*eux*〕についてのコミュニケーションなのか、と自問しなければなりません。コミュニケーションは準拠機能〔référence（指示機能）〕を含意しています。ただし、ひとつ明らかなのは、ランガージュというのは、ララング〔lalangue〕とわたしが呼ぶものを説明するために科学的ディスクールが練り上げるものにすぎないということです。

ララングはコミュニケーションとはまったく他のものに用いられます。それは無意識についての経験によってわたしたちに示されたことですが、この無意識とはあくまでもララングでできているものとしての無意識のことであり、そしてこのララングとは、あなた方の知るとおり、わたしが、わたしたちひとりひとりの問題であるものを指し示すために、ただ一語で書く、あのララングのこと、すなわち、母語と言われるララングのことであって、それがこのように呼ばれるのも理由のないことではありません。

コミュニケーションがララングの享楽において実効的に行使されているものに比較されるとすれば、それはコミュニケーションが応答〔模写〕を、言い換えれば、対話を含んでいるためです。しかし、ララングはそもそも対話に用いられるのでしょうか？　わたしが以前そう分節したように、これほど不確かなことはありません。

最近、わたしの手元にベイトソンという人の重要な本が入ってきました。この本については、わたしは人から耳にたこができるほど聞かされて、少々苛立たしく思っていたのです。言っておきますが、それをわたしにもたらしたのは、わたしのあるテクストの霊感に打たれて、それを自国語に翻訳し、いくつかの注解をつけたある人物で、この人の信じるところによれば、問題のベイトソンには**ひとつのランガージュとして構造化された無意識**より明らかに先を行く何かがあるというのです。

ところで、無意識について、ベイトソンは、それがひとつのランガージュとして構造化されていることを知りませんから、実際にはかなり月並みな考えしかもっていません。しかし、とても気の利いたいくつかの技巧が凝らされていて、彼はそれらを**メタローグ**〔*métalogues*〕と呼んでいます。それらのメタローグが、彼の言うところを信じるべきだとすれば、ひとえにひとつの用語の意味の変遷を探ることから生じているために、なにがしかの内的、弁証法的な進歩を含むことになるという限りで、これは悪くありません。対話と称されるすべてにおいていつもそうだったように、要は、想定された対話者に話者の問い自体の動機になっているものを語らせること、つまり、すでにそこにある回答を他者のなかに具現化することです。この点において、対話、すなわち、その最も見事な例がプラトンの遺産に代表される古典的な対話は対話ではないことが明らかになります。

わたしが、ランガージュとは無意識がそれとして構造化されているところのそれのことだと言ったのは、まさに、ランガージュが、それ〔ça〕が、そもそも実在しないからです。ランガージュとは、人がララングの機能に関して知ろうと努めているもののことです。

そういうわけで、確かに科学的ディスクール自体がそれに取り組んでいますが、ただし、このディスクールにとって、それを完全に現実化することは、無意識を無視しているために困難です。無意識

[127]

は、その大部分が話す存在から免れている限りにおいて、ある知についての証言です。この存在は、謎に留まるあらゆる種類の情動を呈するという点で、ララングの諸々の効果がどこまで及ぶのかに気づく機会を提供しています。話す存在が支える言表された知よりはるか先を行くものを、知るということによってララングが分節している限りにおいて、これらの情動はララングの現前から帰結するものなのです。

ランガージュは、おそらくララングでできています。それはララングに基づいた知のひとつの労作なのです。しかし、無意識はひとつの知、ララングを用いたひとつの実際知です。そして、人がララングを用いてなす術を知っていることは、人がランガージュとして説明できることをはるかに超えています。

ララングは、まず、情動という、それが伴う諸々の効果のあらゆるものを介して、わたしたちに働きかけてきます。無意識はひとつのランガージュとして構造化されている、と言うことができるとすれば、それはララングの、すでに知としてあるその諸々の効果が、話す存在の言表することができるすべてを優に超えているという点においてです。

この点で、無意識は、ここではわたしがそれを解読によって支えている限り、ひとつのランガージュとして、すなわち、それを支持しているものであるララングの観点からすれば常に仮説的であるひとつのランガージュとして構造化されるしかありません。ララングは、先ほど、わたしがわたしの言うS$_2$から問いを作って次のように問うことを可能にしたものです——ランガージュにおいて問題なのは、確かに**それら**か〔est-ce bien *d'eux*（S$_2$か）〕?

言い換えるなら、ランガージュはただコミュニケーションであるだけではないというこの事実が、分析的ディスクールに基づいて動かしがたいものになるのです。この事実を無視することから科学の底辺で生じたのが、どのようにして存在は何であれ知るということができるのかと問う、あのしかめっ面です。これが今日、知についてのわたしの問いの軸になるでしょう。

2

どのようにして存在は知ることができるのか？　この問いがどのようにして自分を満たそうと切望するのかを目にするのは滑稽なものです。わたしが措定したような限界は、話す存在たちがいるということによって作られているので、人は、話さない存在たちの知とはいったい何なのか、と自問するわけです。人はそう自問します。人はなぜ自分がそう自問するのかを知りません。それでもやはりそう自問し、そうしてネズミたちのために、ちょっとした迷路をこしらえてやるのです。

人はそうして、知が何なのかにたどり着ける道にいると思っています。人はネズミが学習するためにどのような能力をもっているかを示してくれると信じています。学習するといっても、何のために**学習する**のでしょうか？〔*A-prendre à quoi?*（何に**向かっている**のでしょうか？）〕――もちろん、それの関心を惹くものについて〔関心を惹くものから〕です。では、何がそれの、ネズミの関心を惹くと人は想定しているのでしょうか？

人はそれを、このネズミを、存在としてではなく、まったくのところ身体として捉えていますが、そこで前提されているのは、人がそれを単位として、ネズミという単位として見ているということです。しかし、そうなると、ネズミのその存在は何が支えているのでしょうか？　人がそれを自問することはまったくありません。あるいはむしろ、人はその存在と身体を同一視しているのです。

昔から、人は、存在がそれ自身に固有の一種の充満を含んでいるはずだと想像していました。存在[128]とは身体のことだ、というわけです。まさにそこから存在への最初の接近が開始され、そして存在について諸々の身体の一大階層が捏《こ》ね上げられたのです。人が出発したのは、結局のところ、この観念から、すなわち、各々は何が自分を存在へと保持しているのかをちゃんと知っているはずであり、そして、それは各々にとっての善、つまり快楽をなすものであるはずだ、という観念からでした。

では、突然、人がこの存在に対して、その存在がもっているとされる自分を超越する手段について、すなわち、自分の存在において身体として生き延びるために必要とされる以上のことを学び取る手段について問うようになったのは、どのような変化がディスクールのなかで起きたからなのでしょうか？

迷路の到達点にはただ餌があるわけではなく、ひとつのボタンまたはひとつの弁があり、この存在の想定された主体が餌に到達するには、それらの仕掛けを見つけ出さなければなりません。また、さらに、ある輪郭、つまり光線や色彩の輪郭の再認が問題になりますが、存在はこの輪郭に対して反応することができます。重要なのは、知の問題が学習の問題に変形されていることです。一連の試行錯誤――*trials and errors* と、知に関するこの道をたまたま開くことになった人たちのことを考慮して、これは英語のままにされています――を経て、その率が十分に減少すれば、ネズミという単位は何ごとかを学習する能力がある、と記録されます。

二次的にしか措定されないものですが、わたしの関心を惹く問題があります。それは、ネズミという単位は学習することを学習するか、というものです。そこにこそ、この実験の真の動機がありました。ネズミは、一度これらの試練のひとつを受けると、次に同じ種類の試練にかけられたとき、前よりも早く学習するでしょうか？　これを容易に具体化するのは、このような組み立て装置のなかで——この場合に機能する迷路と弁とボタンの全体を組み立て装置と呼ぶことにしましょう——どのように振る舞うべきかをネズミが知るのに要する試行数の減少です。

この問題が措定されたことは、かつてあるにしても、ほとんど例がないので、学習能力を明らかにするためにネズミに与えられるテーマが、同じ源泉から生じているのか、それとも二つの異なる源泉から生じているのかによる差異、つまりネズミに学習することを教える人物が同じ実験者か否かによる差異を問うことなど、人は考えてもみませんでした。ところで、この実験者ですが、この問題において何かを知っているのは彼であり、そして彼は、まさに自分が知っていることを用いて、迷路、ボタン、そして弁の組み立て装置を考案します。もし彼が、その者にとっては知への関係がラングへの関係の上に、ラングの棲みつきの上に、あるいはそれとの共棲の上に築かれている、そういう何者かでなかったとしたら、この組み立て装置はなかったでしょう。

ネズミという単位がこの場合に学習しているのは、ひとつのシーニュを、その単位としての現前のシーニュを呈することだけです。弁はシーニュを介してしか再認されませんし、このシーニュを脚で押すこともシーニュです。いつもシーニュをなしながら、この単位は、人がそこに学習があるとそこ

[129]

から結論するものに到達します。しかし、この諸々のシーニュへの関係は外面的なものです。ボタンを押すことはメカニズムに帰着しますが、このメカニズムの把握がネズミにあり得ると立証するものは何もありません。したがって、唯一重要な点は、ネズミはただ仕掛けを見つけ出したというだけでなく、ひとつのメカニズムが、それ〔ça〕が、取られる仕方を学習したのだと、すなわち**学習する**ことを〔ce qui est *à-prendre*（**取るべき**ものを）〕学習したのだと実験者が確認するかどうかということになるでしょう。迷路の実験は、わたしたちが無意識の知にまつわる事情を考慮するなら、次の点について問われないわけにはいきません。すなわち、実験者によって、何にも基づくことなく思惟思索されたのではなく、ララングから思惟思索されたものに対して、ネズミという単位はどのように応答するのか、という点です。

人はどんな迷路の構成でも発明するというわけではないので、それ〔ça〕が同じ実験者によるものか、それとも二人の異なる実験者によるものかは、問われるだけの価値があります。しかし、わたしがその文献として今日まで集めることができたもののなかには、問題の措定がこの方向でなされていることを示すものは何もありません。

この例では、したがって、知のあり方についての問題と学習のあり方についての問題は、まるごと手つかずのまま、そして相異なるものとして残されます。知のあり方は、別の問題を、特に、それ〔ça〕はどのように教えられるのか、という問題を提起します。

3

まさに、伝達される知、完全に伝達される知という概念から、あのふるい分けが、すなわち、科学的ディスクールと呼ばれるひとつのディスクールがそのおかげで形成されることになった、あのふるい分けが、知のなかに生じました。

このディスクールの形成には、やはり数々の災難が伴いました。**われ仮説を作らず**〔*Hypotheses non fingo*〕と、ニュートンは言うことができると思ったのです、**わたしは何も仮定しない**〔*Je ne suppose rien*〕のだ、と。しかし、ことは反対で、かの有名な革命は、すなわちニュートンのことであってコペルニクスのことではまったくない、かの革命は、まさにひとつの仮説の上に起きたのです——**それは回る**〔*ça tourne*〕に対して、**それは落ちる**〔*ça tombe*〕を置き換えながら。ニュートンの仮説とは、天体の**それは回る**は、落ちると同じことだと措定したことです。これが確認されれば仮説は退けられるわけですが、しかしそのためには、まず彼がそれを、仮説を立てることが、まさに必要でした。

知に関して科学的ディスクールを導入しようと思うなら、知が在るその場所で知に問わなければなりません。この知は、それが休らうのがララングのねぐらのなかである限りにおいて、無意識を意味します。無意識は、わたしがそこに入ろうとすれば、ニュートンと同様、仮説なしというわけにはいきません。

わたしの仮説は、無意識を被《こうむ》った個体とは、ひとつのシニフィアンの主体とわたしが呼ぶものをなすそれと同じ個体である、ということです。これは、わたしが、ひとつのシニフィアンはもうひとつ

[130]

別のシニフィアンに対してひとつの主体を代理表象するという、あの最小限の定式で言明していることです。シニフィアンは、それ自体としては、もうひとつ別のシニフィアンとのひとつの差異以外の何ものとも定義できません。まさに差異そのものを場に導入することによって、ララングからシニフィアンのあり方を抽出することが可能になります。

言い換えれば、わたしは、まさに仮説を実体化する定式によって、仮説を次のように還元するのです。すなわち、仮説はララングの働きにとって必須である、と。ひとつの主体があると言うことは、まさに仮説があると言うことなのです。主体がこの仮説と渾然一体になっていること、そしてそれを支えるのは話す個体であること、このことについてわたしたちが手にする唯一の証拠は、シニフィアンがシーニュになるということです。

無意識があるからこそ、すなわち、話す存在と呼ばれる存在はララングとの共棲によって定義されるという限りにおいてララングがあるからこそ、シニフィアンはシーニュをなすよう自ずと導かれることになります。この**シーニュ**は、英語における**もの**〔*le thing*〕、つまりもの〔la chose〕も含めて、お好きなように聞き取ってください。

シニフィアンは、ひとつの主体のシーニュです。形式的な支えとして、シニフィアンは、シニフィアンとしてまったく生《き》のままにあるものとは別のものに達し、そのシニフィアンを被った別のものは、そのために主体になる、あるいは少なくとも主体であるとされます。この点において、主体〔主語〕は、それも話す存在にとってだけ、存在者であることに、つまりその存在が、述語が示しているように、いつも他所にある存在者であることになるのです。主体はまったく点的であり、かつ消えゆくものでしかありません。というのも、主体はひとつのシニフィアンによってしか、かつもうひとつ別のシニフィアンに対してしか主体ではないからです。

まさにこの点において、わたしたちはアリストテレスに戻らなければなりません。アリストテレスは、そこに至った理由が知られていないある選択によって、身体の他には個体の定義を与えないという決意をしました――生体としての、一〔un〕として自分を保持するものとしての身体であって、生殖するものとしてのそれではありません。プラトンのイデアと、アリストテレスの存在を確立するものという個体の定義の間にある差異、依然として〔encore〕わたしたちは、その周りにいます。実際、生物学者に課される問題といえば、身体がどのようにして繁殖するのか、ということです。いわゆる分子化学のあらゆる試みにおいて重要なことは、いくつかのものを同じ液中で化合させると何かが沈殿することが、また、例えばバクテリアが繁殖するということが、どうして起きるのかを理解することです。

身体とは、いったい何でしょうか？　それは一を知ることでしょうか、それともそうではないのでしょうか？

一を知ることが身体に由来しないことは明らかです。一を知ることは、わたしたちがシニフィアン〈一〉についてほとんど語ることができないとしても、シニフィアン〈一〉に由来します。シニフィアンそのものは、他のシニフィアンとの差異でしかないので、その他のものに依拠づけられた**数多の他‐のなかの‐一**〔*l'un-entre-autres*〕でしかありませんが、シニフィアン〈一〉はこのことに由来するのでしょうか？　この問題は現在に至るまでほとんど解決されていないものなので、この〈一〉**部分**

あり〔*Y a d'l'Un*〕を強調するために、わたしは昨年度のセミネール全体を費やしたのです。

〈一〉**部分あり**とは何を意味するのでしょうか？ **数多の他-のなかの-**一から、ただし、この一がどれであってもよいのかを知る必要がありますが、ひとつのS_1が、シニフィアンの**群れ**〔*un essaim* significant〕が、ミツバチのようにぶんぶんと音をたてる群れが立ち昇るのです。各々のシニフィアンについてのこのS_1は、わたしが、**わたしが話しているのはそれらについてか**〔*est-ce d'eux que je parle?*（**わたしが話しているのはS_2か**）〕、という問いを措定するなら、わたしはこのS_1を、まずそれとS_2との関係によって書くことにしましょう。そうして、あなた方はそれを好きなだけ置けばよいのです。わたしが話しているのは群れ〔essaim（S_1）〕についてです。

$$S_1\ (S_1\ (S_1\ (S_1 \longrightarrow S_2)))$$

[131]

S_1、すなわち、**群れ**、主人のシニフィアンとは、単位を、主体と知の媾合の単位を保証するものです。ララングにおいて、他所ではなく、まさにランガージュとして問われる限りでのララングにおいてこそ、ある原初的な言語学がストイケイオン〔στοιχεῖον〕、すなわち元素という用語をもって指示したものの実在が明らかになりますが、それも故なしとしません。シニフィアン〈一〉は任意のシニフィアンではありません。鎖の全体がそのうちに広く存続している、そのような包み込みとしてこのシニフィアンが創設される限り、それはシニフィアンの秩序〔命令〕なのです。

わたしは最近、S_1とS_2の関係について考えているある人の著作を読みましたが、この人はこの関係をひとつの表象代理関係として捉えています。S_1は、それが主体を表象代理する限りにおいて、S_2との関係にある、というわけです。この関係が対称か、反対称か、推移的か、それとも他のあり方をするのか、主体はS_2からS_3へ、そして以下次々に転移するのか、という問題は、わたしがここで新たに示した図式に基づいて捉え直さなければなりません。

ラングに具現化された〈一〉は、音素、語、文、そしてさらには思考全体の間で未決に留まる何かです。それは、主人のシニフィアンとわたしが呼ぶものにおいて問題になるもののことです。それがシニフィアン〈一〉であり、そして、わたしたちのこの会合の前々回に、わたしがこれを例証するため、ここにひも切れをもってきたのも理由のないことではなかったというのは、このシニフィアン〈一〉はあの輪をなし、この輪が他のもうひとつの輪と作り得る結び目にわたしが問いかけ始めたからなのです。

この点については、わたしは今日のところはこれ以上進みません。何しろ、わたしたちは、ここの学部の定期試験のおかげでセミネール一講分を奪われてしまいましたから。

4

ここでひと区切りつけるために言っておきますが、精神分析的ディスクールが明らかにしたことの重要性は次の点にあります。すなわち、これには人は、どこにでもその素地が見えるわけではないことに驚きますが、話す存在を特異な共棲によって構造化している知が愛と最も大きな関わりをもっているということです。あらゆる愛が二つの無意識的知の間のある関係によって支えられているのです。

わたしが、転移について、その動機をなしているのは知っていると想定された主体であると言明したのは、経験として在るものを個別に特定化して適用したにすぎません。今年度の中ほどに、わたしはここで愛の選択について言明していますから、どうかそのテクストを頼りにしてください。わたしが話したのは、結局のところ、認知のこと、つまり、いつも謎のように句読を切られている諸々のシーニュに、存在が無意識的知を主体として被っているその被り方を認知することです。

性的関係はありません。なぜなら、身体として捉えられた〈他者〉の享楽はいつも不適切だからです――この享楽は、一方では、〈他者〉が対象 a に還元される限りにおいて倒錯的です――また、他方では、狂っていると言うべきであり、謎に満ちています。この袋小路に、すなわち、ひとつの現実的なものがそこから定義されるこの不可能性に直面することによってこそ、愛は試練にかけられるのではないでしょうか？　男性パートナーから愛が現実化できるものといえば、わたしが、あなた方に聞き取ってもらえるよう一種の詩情をもって、この不可避的な宿命の視点から、勇気と呼んだものだけです。しかし、問題は実際に勇気なのでしょうか、それとも認知の諸々の道なのでしょうか？　この認知とは、いわゆる性的関係が――そこでは、無意識的知の効果でしかないものとしての主体の、主体対主体の関係になっていますが――書かれないことをやめる、その方法以外の何ものでもありません。[132]

書かれないことをやめる〔*Cesser de ne pas s'écrire*〕、これはたまたま提起された定式ではありません。

わたしはこれを偶然性に準拠させせましたが、その一方で、必然を、必然的なものは現実的なものではないので、**書かれることをやめない**〔*ne cesse pas de s'écrire*〕ものとして、ひとり楽しんだのです。ついでに指摘しておきますが、このような否定を移動させることは、否定がひとつの非実在に取って代わることになる場合には、その否定のあり方についての問いをわたしたちに課します。他方で、わたしは性的関係を**書かれないことをやめない**〔*ne cesse pas de ne pas s'écrire*〕ものとして定義しました。そこには不可能性があります。それはまた、何もそれを語ることができないということでもあります――語りのなかには性的関係の実在はありません。しかし、このことを否定することは何を意味するでしょうか？　非実在について、その体験的把握の代わりに否定を置き換えるというのは、どのような見方をするにせよ、正当と言えるでしょうか？　この点もまた、わたしにとっては口火だけ切っておくしかない問題です。**禁止**〔*interdiction*〕という語は、それ以上のことを意味するでしょうか、それには、もっと許されていることがあるのでしょうか？　これも同様に、すぐには決着のつけられないことです。

偶然性を、わたしは**書かれないことをやめる**によって具現化しました。というのも、そこにあるのは出遇い以外の何ものでもないからです。すなわち、症候や情動とのパートナーにおける出遇い、つまり、主体としてではなく話す者としての追放の、性的関係からの追放の、その痕跡を各人において徴《しるし》づけているすべてのものとの出遇いです。それはこういうことではないでしょうか、つまり、まさにひとえに、この裂け目から帰結する情動を介してこそ何かに出遇うのであり、この何かは知の水準については際限なく変化するけれども、ある瞬間に、性的関係が書かれないことをやめるという錯覚を与えるのです——何かは分節されるばかりか登録されるのだと、各人の運命のなかに登録されるのだという錯覚です、そして、それを介して、ひと時、宙吊りのひと時の間、性的関係だとされるものが、話す存在において、蜃気楼であるそれの痕跡とそれの道を比喩形成において見つけ出すのです。否定の移動とは、つまり、**書かれないことをやめる**から**書かれることをやめない**への、偶然から必然へのそれとは、まさに、あらゆる愛がそこに縛りつけられている吊り秤の支点なのです。

　愛はすべて、**書かれないことをやめる**によってしか存続しないものでありながら、**書かれることをやめない**へと否定を移す傾向をもっており、やまない〔ne cesse pas〕ものであり、やむことはこの先もありません。

　これが代理であって、この代理が——性的関係の実在ではなく、それとは異なる無意識の実在という道によって——運命を、そしてまた愛のドラマをなすのです。

　通常ならお別れを告げたい時間になっていますから、ここではこれ以上ことを進めずにおきます——ただ指摘しておきたいのは、わたしが憎しみについて語ったことは、無意識的知の把捉を分節している筋立てには属していない、ということです。

　主体が、他者とのこの卓越して偶然的である出遇いのあり方について、あまりことを知らないでおこうと欲望しないことはあり得ません。同様にまた、主体は、他者から、そこに捉えられた存在へと向かうのです。

［133］存在の、存在に対する関係は、あの調和の関係ではありません。調和の関係というのは、昔から、なぜそうなのかがよく知られないまま、ひとつの伝統がわたしたちにお膳立てしてくれている関係のことであり、この伝統においては、その関係に至高の享楽しか見なかったアリストテレスと、それを至福とするキリスト教が一致しています。それがまさに幻影の不安に巻き込まれることなのです。存在そのもの、出遇いにおいてたまたまそれに接岸することになるのは、愛なのです。

愛による存在への接近、まさにそこにこそ、存在を、しくじられることによってしか支えられないものにするものが生じるのではないでしょうか？　わたしは先ほどネズミの話をしましたが――問題はそれ〔ça〕だったのです。人がネズミを選んだのは理由のないことではありません。ネズミは容易にひとつの単位にできるからです――ネズミは、それ〔ça〕は抹消されます〔se raturer〕。わたしはそれ〔ça〕を、既に視たことがあります。ポンプ通りに住んでいたときのことで、管理人がいた時期のことです――ネズミ〔le rat〕を、彼は決してしくじり〔rater〕ませんでした。彼はネズミに対して、ネズミの存在と同じだけの憎しみをもっていたのです。

存在への接近。愛の極致が、真の愛が棲まうのは、そこではないでしょうか？　そして、真の愛とは――もちろん、この発見をしたのは分析的経験だというわけではなく、その反映が愛をめぐる諸々の主題の果てしない転調に十分に認められます――真の愛は憎しみに帰着するのです。

以上です、これでお別れします。

わたしはあなた方に、ではまた来年度に、と言うでしょうか？　よろしいでしょうか、わたしはこれまで一度たりとも、それ〔ça〕を言ったことがありません。理由ははなはだ単純です――この二〇年来、わたしは自分が翌年度も続けるのかどうか分かったためしがないからです。それ〔ça〕、それ〔ça〕はわたしの「対象aの運命」の一部をなしているのです。

一〇年経ったところで、人は結局、わたしの発言権を取り上げました。一部には運命が、また一部にはある人々を喜ばせたい性分が混じったさまざまな理由によって、わたしはまたさらに〔encore〕一〇年間、続けることになったのです。つまり、わたしはこの二〇年のサイクルを一回りしたわけです。来年度、わたしは続けるのでしょうか？　どうしてここで、**またしても**〔*l'encore*（もっと）〕をやめてはならないことがあるでしょうか？

あきれたことに、これまで誰もわたしが続けることを疑ったことがありません。とはいえ、わたしがこの指摘をすることは、そこに疑問を差し挟むことになります。結局のところ、**またしても**〔*l'encore*（もっと）〕に対して、わたしが**もうたくさん**〔*c'est assez*〕を付け加えるということはあるかもしれない、と。

もちろん、このことはあなた方の賭けにおまかせします。わたしのことを知っているつもりになって、わたしがこのことに限りない満足を見出していると考える人が大勢います。それ〔ça〕がわたしに与える煩わしさは別にしても、言っておかなければならないのは、それ〔ça〕はわたしにとっては取るに足らないものに見えるということです。ですから、あなた方は賭けをしてください。

それで、結果はどうなるでしょうか？　正しく当てた人たちは、わたしを愛しているという意味になるのでしょうか？　ところが――これがまさに、今日、わたしがあなた方に言明したことの意味です——、パートナーが何をしようとしているのかを知っていることは、愛の証明にはならないのです。

一九七三年六月二十六日

ジャック・ラカン (Jacques Lacan)

一九〇一—八一年。フランスの精神分析家。高等師範学校で哲学、のちに医学・精神病理学を学ぶ。学位取得後はサン＝タンヌ病院などで臨床に専念。フランス精神分析協会に参加したあと、一九六四年にはパリ・フロイト派を創設した。一九五三年から始められたセミネールは多くの聴衆を集めるとともに、大きな影響を与え続けている。著書に、『エクリ』(全三巻、弘文堂)。

藤田博史 (ふじた・ひろし)

一九五五年生。精神科医。信州大学医学部卒業。フランス国立ニース大学文学部、医学部精神医学専門医課程を経て、現在、医療法人ユーロクリニーク南青山理事長・院長。著書に、『精神病の構造』、『性倒錯の構造』、『幻覚の構造』(以上、青土社)ほか。訳書に、ジャック・ラカン『テレヴィジオン』(講談社学術文庫)ほか。

片山文保 (かたやま・ふみやす)

一九五一年生。慶應義塾大学文学部卒業。文学博士(フランス国立ニース大学)。現在、明星大学教育学部教授。専門は、フランス現代思想・精神分析。論文に、「自我と欲動」、「機知と他者」(以上、『明星大学研究紀要　人文学部』)、「絵画と構造」(『I.R.S.』)ほか。訳書に、ジャック・ラカン『テレヴィジオン』(講談社学術文庫)。

アンコール

二〇一九年　四月一〇日　第一刷発行

著者　ジャック・ラカン

訳者　藤田博史《ふじたひろし》　片山文保《かたやまふみやす》

発行者　渡瀬昌彦

発行所　株式会社　講談社

東京都文京区音羽二丁目一二—二一　〒一一二—八〇〇一

電話（編集）〇三—三九四五—四九六三

（販売）〇三—五三九五—四四一五

（業務）〇三—五三九五—三六一五

装幀者　奥定泰之

本文データ制作　講談社デジタル製作

本文印刷　株式会社　新藤慶昌堂

カバー・表紙印刷　半七写真印刷工業株式会社

製本所　大口製本印刷株式会社

定価はカバーに表示してあります。

落丁本・乱丁本は購入書店名を明記のうえ、小社業務あてにお送りください。送料小社負担にてお取り替えいたします。なお、この本についてのお問い合わせは、「選書メチエ」あてにお願いいたします。

ISBN978-4-06-515340-6　Printed in Japan

N.D.C.146　265p　19cm

講談社選書メチエの再出発に際して

講談社選書メチエの創刊は冷戦終結後まもない一九九四年のことである。長く続いた東西対立の終わりはついに世界に平和をもたらすかに思われたが、その期待はすぐに裏切られた。超大国による新たな戦争、吹き荒れる民族主義の嵐……世界は向かうべき道を見失った。そのような時代の中で、書物のもたらす知識が一人一人の指針となることを願って、本選書は刊行された。

それから二五年、世界はさらに大きく変わった。特に知識をめぐる環境は世界史的な変化をこうむったとすら言える。インターネットによる情報化革命は、知識の徹底的な民主化を推し進めた。誰もがどこでも自由に知識を入手でき、自由に知識を発信できる。それは、冷戦終結後に抱いた期待を裏切られた私たちのもとに差した一条の光明でもあった。

その光明は今も消え去ってはいない。しかし、私たちは同時に、知識の民主化が知識の失墜をも生み出すという逆説を生きている。堅く揺るぎない知識も消費されるだけの不確かな情報に埋もれることを余儀なくされ、不確かな情報が人々の憎悪をかき立てる時代が今、訪れている。

この不確かな時代、不確かさが憎悪を生み出す時代にあって必要なのは、一人一人が堅く揺るぎない知識を得、生きていくための道標を得ることである。

フランス語の「メチエ」という言葉は、人が生きていくために必要とする職、経験によって身につけられる技術を意味する。選書メチエは、読者が磨き上げられた経験のもとに紡ぎ出される思索に触れ、生きるための技術と知識を手に入れる機会を提供することを目指している。万人にそのような機会が提供されたとき初めて、知識は真に民主化され、憎悪を乗り越える平和への道が拓けると私たちは固く信ずる。

この宣言をもって、講談社選書メチエ再出発の辞とするものである。

二〇一九年二月　　野間省伸

講談社選書メチエ　社会・人間科学

MÉTIER

日本語に主語はいらない　金谷武洋
テクノリテラシーとは何か　齊藤了文
どのような教育が「よい」教育か　苫野一徳
感情の政治学　吉田　徹
マーケット・デザイン　川越敏司
「社　会《コンヴィヴィアリテ》」のない国、日本　菊谷和宏
権力の空間／空間の権力　山本理顕
地図入門　今尾恵介
国際紛争を読み解く五つの視座　篠田英朗
中国外交戦略　三船恵美
易、風水、暦、養生、処世　水野杏紀
「こつ」と「スランプ」の研究　諏訪正樹
新・中華街　山下清海
ノーベル経済学賞　根井雅弘編著
俗語発掘記　消えたことば辞典　米川明彦
氏神さまと鎮守さま　新谷尚紀
日本論　石川九楊
「幸福な日本」の経済学　石見　徹
危機の政治学　牧野雅彦
主権の二千年史　正村俊之
機械カニバリズム　久保明教
養生の智慧と気の思想　謝心範

最新情報は公式twitter　→@kodansha_g
公式facebook　→https://www.facebook.com/ksmetier/